As Cartas Secretas de uma Psicoterapeuta

Sharlene Sema Raston

TABELA DE CONTEÚDOS

Biografia

Eu, Sharlene Raston, autora do livro "A Caminho da Iluminação", nasci em Harare, Zimbabué, e pouco tempo depois mudei-me para Maputo, Moçambique. Estudei na Escola Portuguesa de Maputo e em 2004 voltei a mudar-me, desta vez para Pretória, África do Sul. Eu sou uma Life Coach e Praticante de PNL (Programação neurolinguística), sendo que sigo a abordagem da Terapia Cognitivo Comportamental na Psicoterapia e Hipnoterapia, bem como a Filosofia Oriental. Além disso, estou registada em Psicometria (PMT 0086835) no Conselho de Profissões de Saúde de África do Sul desde 2011.

Completei o meu Diploma de Honra em Psicologia na Universidade da África do Sul (UNISA) e o meu Bacharelado na Universidade de Pretória, onde me especializei em Psicologia e Criminologia. Obtive um Diploma nos vários Tratamentos e Efeitos de Vícios na Universidade Open College, no Reino Unido. Em 2019, fui certificada como Life Coach e praticante de PNL na School of Life, em África do Sul.

Além disso, tenho ainda um certificado em Princípios Básicos para Gestores de Primeira Linha, obtido, mais uma vez, na UNISA, África do Sul.

A minha formação em Psicometria foi desenvolvida na UNISA. Adquiri muitos conhecimentos enquanto trabalhava na África do Sul e obtive acreditações para a ferramenta de Análise do Perfil Pessoal (APP) em Thomas International, a ferramenta do Perfil do Processo Cognitivo (CPP) em Cognadev e o Learning Potential Computerised Adapt (LPCAT) desenvolvido por Marie De Beer.

Tenho ainda muitos anos de experiência no mundo corporativo, mais especificamente em Gestão na Indústria das Telecomunicações e testes Psicométricos. Em 2016, fui para Londres, onde me submeti a uma formação de Hipnoterapia Cognitivo Comportamental na UK College of Hypnosis and Hypnotherapy, uma das escolas de hipnoterapia mais conceituadas a nível mundial e que se especializa numa abordagem baseada em evidências. Também já tinha recebido formação em Terapia Racional Emotiva Comportamental (TREC) na CCBT College, em Londres, que é uma forma pioneira da Terapia Cognitivo Comportamental (TCC) desenvolvida por Albert Ellis. Para o meu Desenvolvimento de Aprendizagem Contínuo, tive o privilégio de marcar presença em alguns seminários de Windy Dryden, um dos maiores praticantes e formadores de TCC no Reino Unido, e a primeira pessoa Britânica a receber a acreditação em TREC do Albert Ellis Institute. A noção fundamental acerca do TREC é que não são os eventos que acontecem na nossa vida que nos incomodam, mas sim as crenças que possuímos acerca dos mesmos, ou seja, somos nós que nos incomodamos.

O meu trabalho é altamente inspirado em figuras notórias como Buddha, Alan Watts, Albert Ellis, Aaron Beck, Windy Dryden, Victor Frankl, e muitos outros. Como resultado, ao longo dos anos fui combinando o conhecimento e formações que obtive através de extraordinários pensadores filosóficos, até que desenvolvi a minha única perspetiva e ponto de vista.

Irei sempre referir-me ao meu trabalho atual como lazer porque amo o que faço com todo o meu coração, e não sinto que esteja a trabalhar em momento algum. Adoro verdadeiramente os meus clientes e dou-me como privilegiada por conseguir ver uma faceta deles que é tão real, verdadeira, crua e humana. Na nossa sociedade, todas as pessoas estão demasiado ocupadas a agir como se fossem o ser humano mais influente na Terra, colocando uma máscara para poderem alcançar o sucesso – tentando esconder as emoções, para que não sejam vistos como fracos. Chega a um ponto em que não conseguimos conhecer verdadeiramente alguém devido à máscara que todos usam constantemente. Na sala de terapia, essa máscara acaba por cair completamente e vejo o ser mais puro de cada um. Consigo ver um ser humano à minha frente e adoro isso.

A minha paixão por filosofia está viva desde o momento em que esta me foi exposta na escola, na qual eu era conhecida como Descartes. Além disso, estou agora a dar continuação ao meu percurso de eleição – ser escritora.

Introdução

As pessoas interessadas em terapia e que desejam compreender os métodos que utilizo para guiar os meus clientes até um estado onde estes conseguem ultrapassar diversos obstáculos, costumam dizer algo como "Okay, então imagina um problema e inventa um cenário para que depois me possas dizer como vais tratar a pessoa em questão." Este tipo de abordagens continua a chocar-me. Eu limito-me a explicar que não é assim que funciona, já que uma sessão dura uma hora, e muitas coisas precisam de ser exploradas antes que se possa efetivamente encontrar uma "cura". Depois, essas mesmas pessoas dizem, "Tudo bem, então agora imagina que uma pessoa está a enfrentar problemas no seu casamento. O que aconselharias? Como é que ajudarias?" – Novamente, diria que as coisas não são assim tão lineares porque existem demasiados detalhes que devem ser analisados. Trata-se de algo tão complexo que exige a formulação de teorias, estruturas, métodos e ferramentas, portanto seria completamente irrealista pensar que é possível encontrar uma "cura" de forma rápida e aleatória.

Aqueles que me conhecem sabem que sou muito focada em soluções. Por outras palavras, se por algum motivo   identificar   um   problema,   começo automaticamente a formular cenários na minha cabeça, sendo que acabo por encontrar uma solução, de forma a manter o equilíbrio tão desejado. Isto funciona para tudo, não só para o cenário mencionado acima.

Este pode ser visto como um guia exclusivo que se pode tornar o seu melhor amigo.

Espero que goste. ☺

CAPÍTULO 1
As Cartas Secretas

Querida e Bela Alma

Em primeiro lugar, gostaria de lhe agradecer por me contactar. Gostei realmente da nossa primeira sessão. Discutimos diferentes questões com as quais iremos lidar, e tenho todo o prazer em guiá-lo para que possa identificar o seu objetivo, e fornecer-lhe todas as ferramentas disponíveis que irão definitivamente ajudá-lo a alcançar os seus desejos o mais rápido possível. Para tal, preciso apenas do seu compromisso, e tenho a certeza de que iremos brevemente chegar ao tão pretendido objectivo.

Temos de ir avançando por etapas. A estrutura é muito importante para que tudo possa ficar bem claro e para que saibamos realmente qual é o nosso foco. Anexei uma planilha de valores e objetivos que certamente o irá ajudar a compreender em que etapa da vida se encontra em termos de satisfação nas diversas áreas em que pretende estar.

Também já verificámos que tende a sentir alguma ansiedade (uma emoção negativa e prejudicial), que se revela como uma resposta natural quando a sua mente persente uma ameaça ou perigo. Além disso, concluímos que a versão mais saudável da ansiedade é a preocupação. Note que, no âmbito da TCC, irá encontrar também diferentes abordagens, como a Terapia Racional Emotiva Comportamental, e irei combinar o trabalho das duas terapias nas nossas sessões. Já recomendei Mindfulness, a prática de estar presente e consciente no momento e uma forma de conexão consigo mesmo. Se assim o quiser, poderá fazer a sua própria pesquisa sobre o tema, e ficará surpreendido com a quantidade de benefícios que o Mindfulness oferece.

Falámos sobre a sua tendência para recorrer a previsões do futuro, o que só causa sentimentos de preocupação, confusão e ainda o bloqueia mentalmente, ao ponto de não conseguir tomar decisões.

Espero que este guia ajude e que, com o material fornecido, tente analisar de que forma os conceitos se aplicam às suas próprias circunstâncias, bem como a forma como se sente. Se, entretanto, tiver alguma questão, ou se precisar da minha ajuda, sinta-se à vontade para me contactar, e irei ajudá-lo com todo o gosto.

Querida e Bela Alma

Obrigada pelo feedback. Fico muito contente por ter achado a informação útil. A razão pela qual mencionei o aborrecimento e o sentimento de perda de concentração na minha última conversa deve-se ao facto de ser algo perfeitamente normal e que acontece à maioria das pessoas – não se trata de um sinal de não conseguir manter o foco, mas sim do facto de as nossas mentes estarem sempre ocupadas com pensamentos atrás de pensamentos, e de estarmos muito habituados a viver no futuro ou no passado, sendo que é cada vez mais complicado viver apenas no momento.

Gosto de me referir à mente como uma criança de 1 ano que não ouve ninguém e que está sempre distraída com alguma coisa. Ela gosta de ter pensamentos aleatórios (muitos deles negativos/prejudiciais), e quando realmente começamos a levar a sério estes mesmos pensamentos sem os desafiar, estamos mais propensos a desenvolver algum distúrbio emocional e muitas emoções negativas. Assim, devemos conseguir distinguir os pensamentos SPAM dos pensamentos lógicos, racionais, úteis e saudáveis.

Também costumo dizer que sempre que um pensamento surge durante a meditação/auto-hipnose, em vez de nos focarmos nele, devemos usar a técnica de nos tornarmos um mero observador que apenas olha para o que se passa sem prestar quaisquer julgamentos.

Também se pode imaginar sentado em frente a um rio, colocando cada pensamento sobre uma folha, e deixando-a cair no rio enquanto observa a corrente a levá-la para longe de si. Quanto mais fizermos estes exercícios, mais fácil se torna e mais nos focamos. O maior propósito de tudo isto é disciplinar/treinar as nossas mentes, algo que leva tempo, mas que com a prática lá chegamos. O estado de consciência sobre nós mesmos permite-nos deixar de ser escravos da nossa própria mente, um problema que quando ignorado, pode levar a que fiquemos suscetíveis a emoções negativas e prejudiciais.

E, a propósito, devido à natureza do exercício (relaxamento), a ideia era sentir-se da forma que se sentiu – profundamente relaxado. Portanto, parece que conseguimos alcançar o resultado desejado.

Com base na quantidade de esforço e dedicação que está a depositar para poder ultrapassar estas emoções, verá que irá conseguir definitivamente recuperar ainda mais cedo do que espera.

Querida e Bela Alma

Foi bom voltar a vê-lo hoje, e estou feliz porque parece ótimo e equilibrado em muitas maneiras. Existem, definitivamente, situações que estimulam emoções negativas em si. Estas são reações normais de um ser humano quando este entra em confronto com adversidades.

Falámos sobre o modelo ABCDE, e recomendo que comece a trabalhar com ele. Pode escolher duas situações que tenha experienciado ou uma emoção indesejada, e dessa forma, consegue trabalhar usando o modelo.

Após observar o exercício sobre os seus objetivos, vejo que tende a imaginar os piores cenários frequentemente, e que reage aos mesmos; costuma sentir isto principalmente na sua relação. Podemos olhar para esta situação como uma tendência a recorrer a previsões sobre o futuro, o que leva a sentimentos de preocupação e confusão, podendo mesmo criar bloqueios em si mesmo, impedindo-o de tomar decisões.

Note que se pretender trabalhar com um problema que costuma tornar em catástrofe, podemos fazer um exercício juntos chamado "não à catástrofe" o que chamamos de *decatastrophizing* – ótimo para resolver questões relacionadas com a ansiedade. Assim, iremos realmente desafiar os medos que provocam em si a ansiedade.

Podemos ter de trabalhar na assertividade para encontrar formas de se expressar e conseguir passar a sua mensagem confortavelmente. Isto irá permitir-lhe resolver pequenos problemas que tende a enfrentar com pessoas no dia-a-dia, quando sente que elas estão a ultrapassar os seus limites.

Ainda não mencionámos o aspeto da carreira profissional que é para si algo muito importante e com o qual não parece satisfeito. Contudo, vejo que tende a sentir muita ansiedade em diversas áreas da sua vida, o que o afeta negativamente. Acho que esta deve ser uma prioridade sobre a qual devemos trabalhar, e assim desvendar o que está por trás de todas estas camadas, pois só aí conseguiremos perceber como deve lidar com a situação.

Entretanto, recomendaria fazer alguns exercícios de relaxamento que acredito que serão úteis. Demoram apenas 14 minutos e irão ajudá-lo a relaxar e a remover alguma tensão do seu corpo.

Querida e Bela Alma

Em anexo está a roda da vida que expliquei durante a sessão, e que irá ajudá-lo a encontrar uma compreensão geral sobre onde está na vida neste preciso momento e onde gostaria de estar. A definição de objetivos é um passo fundamental no que toca a perceber qual a direção que devemos seguir.

Falámos sobre assertividade e irei partilhar consigo, resumidamente, o que discutimos, mas não coloque nenhuma pressão em agir neste momento, pois temos de trabalhar nas suas prioridades e etapas. Por outras palavras, é importante identificar quais são as suas prioridades para agora, os seus objetivos e emoções, e devemos começar a progredir de acordo com estas vertentes.

Quatro Etapas da Assertividade:

1. Descrever os factos da situação (Estes são os factos tal como são...)

2. Reconhecer o ponto de vista da outra pessoa (Entendo que esta seja a sua posição...)

3. Partilhar o seu próprio ponto de vista. (É assim que me sinto sobre isto... estou bastante chateado... tenho o direito de...)

4. Propor uma resolução. (Isto é o que quero que aconteça... irei fazer.... quero...)

A afirmação é algo extremamente importante que deve adotar na sua vida. O melhor exemplo que lhe posso dar é a forma como treinamos os cães para que estes se comportem da forma que queremos. Treinamo-los através de recompensas e castigos, com consistência, e eventualmente, o comportamento muda e quase que se torna algo automático. Por outras palavras, precisamos também de incorporar isso nas nossas rotinas diárias.

Quanto às condições que mencionei, pode pesquisar um pouco sobre "narcisistas" e durante o processo irá verificar que consegue encontrar interessantes conceitos como "gaslighting" (termo usado para descrever comportamento abusivo), com o qual se poderá, ou não, relacionar.

Se tiver mais questões, por favor sinta-se à vontade para me contactar, e irei ajudá-lo com todo o gosto.

Querida e Bela Alma

Em primeiro lugar, gostaria de lhe agradecer por me contactar. Gostei muito da nossa primeira sessão. Discutimos diferentes questões, por exemplo:

1. O facto de ter mudado muito desde que começou a sua relação até ao dia de hoje, e de desejar voltar a ser a pessoa que era, quando se envolvia em diferentes atividades e encontrava pedaços de prazer nas pequenas coisas da vida. Chegámos à conclusão de que não está a participar em muitas atividades que costumava fazer e das quais disfrutava, por isso, é normal sentir-se menos feliz.

2. O fim da relação pode estar definitivamente relacionado com a falta de motivação perante a vida em geral. Repare que viveu um determinado tipo de vida durante os últimos dois anos, e esteve rodeado por um certo ambiente. Portanto, é possível que necessite de se adaptar à nova rotina, o que pode originar algum desconforto inicial, mas à medida que se habitua ao novo ambiente, a sua mente e corpo acompanharão essa jornada. Até agora, não está a passar pelo período de lamentação "esperado" e não há nada de errado nisso.

'Nunca finja um amor que não sente, pois o amor não é nosso para comandar.'' Alan Watts

Penso que esta citação pode ser aplicada a qualquer emoção que esteja a sentir, ou à falta desta. Não é preciso sentir culpa por nada – lembre-se apenas de estar e ser.

3. Perda de motivação e procrastinação – falámos sobre termos de agir se quisermos ver mudanças. Você sabe disto na teoria, mas chegou a hora de passar à prática. Contudo, tendemos a querer resultados rapidamente, pois procuramos a gratificação instantânea, algo que faz parte de nós como seres humanos. Somos cada vez menos pacientes. É importante lembrarmo-nos do exemplo do fitness. Quando começa a ir ao ginásio, tem de esperar até começar a ver os resultados, e claro, tudo depende do esforço que está disposto a depositar. Se após uma semana parar de ir ao ginásio, não verá resultados, mas se continuar, certamente começará a ver mudanças significativas dentro de um mês. Da mesma forma, se vir os resultados após um mês e decidir parar de fazer exercício, irá voltar à estaca zero. O processo da mudança é bastante semelhante e envolve a mesma dedicação. Após estar no ginásio durante algum tempo, verificará que continua a melhorar dia após dia, vendo cada vez mais resultados, o que o deixa motivado. Portanto, tente manter esse exemplo em mente e aplique-o a todas as mudanças que pretende fazer na sua vida.

Falámos sobre procrastinação e sobre tentar a regra dos 5 minutos – em que se senta e se dedica a si mesmo ou ao seu projecto durante apenas 5 minutos – e depois vê o que acontece. Existe uma probabilidade enorme de dedicar-se mais de 5 minutos. Mas, no pior dos cenarios se apenas dedicar-se por 5 minutos por dia significa que esta a dar passos e o destino será chegar mais cedo ou mais tarde.

E quanto a tornar os planos realidade, pergunte-se o seguinte *"O que é que o impede de o fazer?"*. Será falta de Motivação? Nem tudo na vida é entusiasmante. Às vezes, temos apenas de nos levantar e fazer o que tem de ser feito, sendo ou não divertido, e acredite em mim, ao trazer as coisas para o plano real, verá que sentirá um grande sentido de conquista no final do dia, o que é muito mais recompensador do que nenhuma conquista. Novamente, não se force a fazer nada – em vez disso, pense sobre o resultado final após fazer o que tem de ser feito e sobre o sentimento de saber que alcançou algumas pequenas conquistas.

Temos de nos mover por etapas e a estrutura é muito importante para que esteja tudo claro nas nossas mentes, e para que saibamos no que nos devemos focar.

Espero que isto ajude. Se tiver alguma questão e precisar da minha ajuda, não hesite em contactar e irei apoiá-lo com todo o gosto.

Querida e Bela Alma

Na última sessão, falámos sobre várias questões relacionadas com comportamentos e emoções. Referimos, especialmente, a sua ex-parceira que tem a tendência de ficar nervosa facilmente, já que ela não tira algum tempo para ouvir outras pessoas.

O que observei em ambos foi uma necessidade constante de se mostrarem defensivos e de apenas ouvirem para responder. O seu cérebro é equivalente a um copo cheio de chá, e quando a outra pessoa fala, parece que está a tentar colocar mais chá num copo já cheio, e como resultado, o chá acaba por transbordar para todo o lado. A única maneira de assimilarem o que cada um diz é ao ouvirem e mostrarem empatia, baixando a guarda. Por várias razões, e porque esta terapia está direcionada para si, chegámos à conclusão de que este comportamento e atitude devem originar através de si. Verá as vantagens de implementar estas vertentes na sua comunicação.

Quando comunica, é importante que não se foque nos detalhes do que ela está a dizer, nem em exemplos concretos porque ela fala de forma muito abrangente sobre um conjunto de coisas, em vez de se focar em apenas uma.

Fizemos o exercício ABCDE:

A (Event – Acontecimento)

Numa conversa, ela disse coisas que, segundo a sua perspetiva, não estão completamente corretas. Por exemplo: "Tu não tentas reconciliar ... não respeitaste a condição dela..."

B (Beliefs – Crenças)

1. Ela está a mentir

2. Porque é que ela pensa assim e não como eu?

C (Consequence – Emotions and Behaviours – Consequência – Emoções e Comportamentos)

Chateado, frustrado

Verbalmente agressivo, fala muito alto

Nervoso

Treme e não se consegue expressar

Fala de cabeça quente e não se consegue focar em nada de forma serena

D (Dispute) — Dispute Convictions; D (Disputa) – Convicções por Disputa

1. Existem provas de que ela está intencionalmente a mentir?

2. É lógico pensar assim?

3. É benéfico pensar assim?

E (Establishing new beliefs) – (Estabelecer novas crenças)

1. Porque é que ela pensa assim? O que quer ela dizer mesmo?

2. De acordo com a minha perspetiva, as coisas não aconteceram como ela descreve. Porque é que ela se sente assim?

3. Talvez deva prestar mais atenção ao que ela diz, de forma a simpatizar e compreender a sua perspetiva, pois só assim ela se sente ouvida. Ela irá provavelmente acalmar-se e as coisas vão melhorar.

Falámos sobre assertividade, e abaixo poderá ver os passos do processo assertivo:

Descreva os factos da situação:

1. Faça um sumário de forma objetiva e impessoal, focando-se apenas nos factos relevantes. Não deve usar emoções, assunções, ou qualquer tipo de interpretação.

   Por exemplo: "Com base na minha observação, detetei os seguintes fatores..."

2. Reconheça o ponto de vista da outra pessoa: deve refletir de forma educada sobre o ponto de vista da outra pessoa em termos de pensamentos e sentimentos para que ele/ela se

sinta compreendido e que não tenha a necessidade de reiterar a sua opinião sobre o tema. Por exemplo: "Compreendo que a tua posição seja...", "Percebo que do teu ponto de vista..."

3. Mostre assertividade no seu ponto de vista: resuma as suas objeções e sentimentos de forma clara e concisa. Seja congruente e fale na primeira pessoa para que o outro consiga perceber claramente o que quer dizer.

   Por exemplo: "Eu sinto que... nesta situação..."

   "Eu sinto-me um pouco... sobre..."

   "Eu tenho o direito de..."

4. Sugira a solução: diga-lhe qual a atitude que irá assumir e o que espera do comportamento dela. Sugira um acordo entre ambas as partes, ou uma solução, e diga que o primeiro passo deve ser dado imediatamente, se possível.

   Por exemplo: "Queria que isto acontecesse..."

   "O que vou fazer a partir de agora é..."

Pode observar, analisar e dar-me feedback quanto ao próximo passo. Recomendaria o uso das técnicas, portanto, coloque-as em prática e depois iremos agendar uma sessão para avaliar como tudo correu e falar sobre como poderá melhorar a comunicação e a situação propriamente dita.

Querida e Bela Alma

Estas são as Táticas Emocionais de que falámos para diminuir a raiva, medo, vergonha e tristeza.

Após praticar mindfulness, sugiro que se foque nas competências interpessoais, pois estas certamente terão um grande impacto nas suas capacidades de comunicação com os seus entes queridos. O acrónimo para Terapia Comportamental Dialética (TCD) é **GIVE:**

Gentle (Gentil): Aborde a outra parte de forma delicada, nunca de forma ameaçadora, e tente evitar ataques e juízos de valor.

(Act) Interested - (Agir) Interessado: ao ouvir genuinamente a outra pessoa sem a interromper.

Validity (Validade): Reconheça o ponto de vista da outra pessoa.

Easy Manner (Forma Fácil): Assuma um tom leve e divertido.

Esta é a técnica **STOP** para quando se sente irritado ou sobrecarregado de emoções:

Pare

Respire fundo e dê um passo atrás

Observe a situação

Aja de forma eficiente

Outra técnica eficaz é chamada de **DEAR MAN:**

D- Describe (Descrever): Descreva a situação objetivamente sem qualquer julgamento.

E- Express (Expressar): Partilhe os seus sentimentos com a outra pessoa, a forma como interpretou a situação e como esta o faz sentir.

A - Assert (Afirmar): Seja assertivo quanto aos seus desejos, por exemplo, expresse claramente o que quer e não quer.

R- Reinforce (Reforçar): Reforce o porquê de querer tanto determinado resultado e recompense as pessoas que respondem positivamente a esse pedido.

M- Mindful (Consciente): Seja consciente e presente no momento, procurando focar-se no seu objetivo atual. Pode até concluir que vocês os dois têm o mesmo objetivo em comum – felicidade e compreensão.

A- Appear (Parecer): Pareça confiante ao adotar uma postura e tom que transmitam essa mesma confiança, e procure manter o contacto visual.

N- Negotiate (Negociar): Esteja disposto a negociar e a dar para poder receber. Além disso, compreenda que ambas as partes têm necessidades e sentimentos válidos.

Então, o trabalho de casa seria tentar estas técnicas ao longo da semana pelo menos duas vezes, e depois poderá escrever:

1. O que aconteceu?

2. Como se sentiu depois.

Querida e Bela Alma

Então, já discutimos tudo em que está envolvido em termos profissionais, o que só mostra que você é uma pessoa muito dinâmica, que gosta realmente de se envolver em diferentes coisas e que é bom no que faz. Contudo, como disse, você é apenas uma pessoa, e ao focar-se em certas coisas, acaba por negligenciar outras – o que é normal (quando se trata de uma decisão consciente), mas parece que está, até um certo ponto, a deixar-se levar pela corrente. A desvantagem é que assim não possui uma ideia da direção que está a seguir, já que tudo parece confuso e desorganizado.

Chegámos à conclusão de que, nesta fase, você não possui um objetivo claro definido. Sabe que quer viajar, estar financeiramente confortável, manter o estilo de vida que sempre levou e, de facto, possuir um pouco mais liberdade financeira, mas esse não é um objetivo claramente definido que o assista de maneira concreta. Portanto, já mencionei que quando estabelece um objetivo, é importante certificar-se de que este é SMART.

SMART é uma sigla para:

Specific (Específico): claro, simples, concreto e que possa explicar numa linguagem específica.

Measurable (Mensurável): saberá quando tiver de o alcançar.

Achievable (Realizável): está dentro da sua esfera de controlo; consistente com os seus outros objetivos e "ecologicamente correto".

Relevant (Relevante): É relevante para os problemas que está a enfrentar? É consistente com os seus valores fundamentais? É um objetivo de maior prioridade do que os restantes nesta altura?

Time-limited (Tempo limitado): Sabe quando irá alcançar este objetivo? Qual seria uma data concretizável? Já sabe ao certo quando será?

Portanto, assim que definir o seu objetivo, poderá começar a olhar para os fatores acima mencionados e, poderá melhorar em cada um deles, de forma a alcançar um objetivo SMART. A partir daí, poderá facilmente começar a trabalhar nas suas opções e planear uma agenda adequada que lhe irá colocar mais próximo do seu objetivo.

Conseguirá identificar o que é, e não é, uma prioridade para si, e depois poderá perceber para onde irá focar. Verá que será muito mais gratificante do que simplesmente ir com a corrente.

Pergunte-se:

1. O que recomendaria a alguém que gosta se ele/a estivesse numa situação semelhante?
2. O que faria uma pessoa criativa?
3. O que faria uma pessoa inteligente?
4. O que faria uma pessoa corajosa?
5. Qual seria a coisa mais fácil a fazer?
6. Qual seria a solução mais eficaz possível?
7. No geral, qual acha que seria a solução melhor e mais realista?

Então, qual será o seu primeiro passo?

Pense no maior número de alternativas que conseguir e enumere-as:

Solução 1

Prós

(curto-prazo)

(longo-prazo)

Contras

(curto-prazo)

(longo-prazo)

Solução 2

....

Solução 3

.....

Que obstáculos encontra? Como lida com eles?

Quando irá colocar o seu plano em ação?

O que o impede de o colocar em ação?

Como é que se vai certificar de que irá realmente por em practica?

Com base na natureza do problema, cheguei à conclusão de que este método é o mais apropriado e deve ajudá-lo a alcançar a informação necessária para obter uma visão clara quanto ao que pretende, para que possa equilibrar as alternativas. Lembre-se que por muito que este exercício possa parecer exaustivo, trata-se de um investimento pessoal e você está a tirar algum tempo para si e para o seu próprio desenvolvimento intelectual. Cada pergunta tem a sua própria relevância, pois faz com que pense sobre a mesma considerando diferentes ângulos. Assim que tiver explorado tudo e as coisas parecerem mais claras e organizadas na sua mente, será muito mais fácil avançar para o próximo passo – planear a ação e implementá-la.

O que o impede de colocá-lo em ação?
Esta é uma questão muito importante. Nós, seres humanos, tendemos a procrastinar e a fazer o que é mais confortável e fácil, portanto é necessário ter em atenção os fatores que podem interferir com isso. Esforce-se para saber qual a estratégia que irá utilizar para não permitir que essa procrastinação leve o melhor de si.

Espero que isto ajude, e por favor contacte-me se tiver mais questões. Se houver algo mais que pretende que eu explique ou clarifique, informe-me e por favor sinta-se à vontade para partilhar os seus resultados, pois irei fornecer-lhe feedback com todo o gosto.

Numa primeira instância, aconselharia a partilhar o seu objetivo comigo assim que o estabelecer, para que eu possa dar-lhe algumas recomendações sobre como torná-lo o mais SMART possível antes de você prosseguir.

Por favor, informe-me se achar que este exercício será útil, ou mencione qualquer outra coisa que gostaria que eu abordasse nesta fase.

Querida e Bela Alma

Foi um prazer conhecê-la hoje. Forneceu-me uma visão geral da situação onde se encontra a nível emocional e racional. Acredito que a sua situação atual seja completamente normal, e era um pouco previsível que acabasse por se encontrar nesta fase, visto que, normalmente, a vida não é fácil e nada é permanente, especialmente os nossos sentimentos que podem ser frequentemente comparados com o vento devido à constante mudança. Nada corre permanentemente bem.

O meu único conselho como terapeuta seria dizer-lhe que independentemente da decisão que tomar, precisa de pensar bem sobre a mesma, considerar todos os aspetos e certificar-se de que não ignora questões que no futuro pode considerar relevantes. Não há pressa nenhuma para tomar uma decisão, e lembre-se de que a parte do seu cérebro que é ativada quando está "apaixonada" ou "enfeitiçada", ou quando é movida pela "paixão", é exatamente a mesma parte que é ativada quanto está drogada, e como sabe, alguém movido por "drogas" não pensa claramente.

É importante estar em completo contacto com o seu lado racional, pois é esse o seu ajudante a longo-prazo.

Mencionei ainda que, independentemente da decisão que tomar, acredito que ficará bem, pois nós, seres humanos sempre ficamos bem, desde que façamos as coisas de forma ponderada e da maneira mais saudável possível.

Recomendo que faça uma análise de custo-benefício, o que significa que está realmente a olhar para todas as alternativas que tem e a pesar os prós e contras. Se fizer isto, poderá ver as suas ideias mais claramente e compreender verdadeiramente qual o cenário com que se depararia se escolhesse outras alternativas. Obviamente, os dados para cada situação são infinitos, mas trabalhamos com o que conseguimos e com o que podemos de alguma forma prever.

Então, basicamente, o que lhe peço para fazer é olhar realmente para cada aspeto de forma aprofundada, e para isso, tire todo o tempo que quiser.

Contacte-me a qualquer hora se precisar de algum esclarecimento ou até mesmo para me dar feedback e dizer-me que o exercício em questão não é relevante, para que possamos mudá-lo e melhorá-lo, e assim, abordar certos aspetos que possa achar importantes. Lembre-se de que o melhor investimento que pode fazer é no seu próprio desenvolvimento pessoal – não existe certo ou errado, simplesmente há caminhos diferentes.

Querida e Bela Alma

Espero que tenha achado a nossa sessão útil e que tenha obtido um melhor esclarecimento sobre a forma como os seus pensamentos/crenças podem contribuir para a intensidade dos sentimentos de ansiedade que tem sentido.

Fizemos juntos o modelo ABC e irei partilhar consigo um vídeo do YouTube que explica como fazê-lo. Como trabalho de casa, sugiro que lide com uma emoção pouco saudável que possa ter sentido, e mude-a para a versão mais saudável. Na nossa próxima sessão, poderei também dar-lhe algumas perceções de emoções negativas e das suas versões mais saudáveis.

Agora, vamos olhar para um exercício que fizemos:

Ativando um Acontecimento: (causador) – é muito importante estar consciente quanto à sua causa assim que a emoção surge, pois o que diz a si mesmo determina o quanto a situação pode escalar.

Sensação no Peito

Falta de Respiração

Crença: O que disse a si mesmo?

- Nunca me irei livrar disto
- Isto não é normal

- Algo DEVE estar errado. (Repare no "DEVE". Trata-se de uma reflexão de uma crença rígida e inflexível que leva automaticamente a emoções negativas e pouco saudáveis...)

Repare: Achava que esta sensação era insuportável? O fim do mundo? Extremamente horrível? Isto mostra pouca tolerância de frustração. Então, há uma necessidade de se consciencializar, e a partir daí, ir em direção à Alta Tolerância de Frustração. É mau, muito mau, mas consegue aguentar. Consegue lidar e verá que não é o fim do mundo – pode dizer tudo isto a si mesmo.

Consequências (refere-se aos sentimentos, emoções, comportamento): O que é que a crença pouco saudável lhe levou a sentir?

Ficou tenso, sobrecarregado, cansado, chorou e teve dores de cabeça fortes.

Crença Alternativa: Qual seria a forma mais saudável de olhar para o "acontecimento"?

- Aqui vamos nós outra vez... esta grande ansiedade, novamente. Não é confortável e não gosto disto. É desagradável, MAS não é o fim do mundo. Consigo aguentar e lidar com isto.

- É normal sentir estas sensações, já que são apenas sinais de ansiedade. São muito desconfortáveis, mas são sintomas normais e devo focar-me nos meus mecanismos para ultrapassar as dificuldades. Depois, irei rapidamente sentir-me melhor. A partir das minhas experiências anteriores, bem como de evidências científicas, sei que a ansiedade pode atingir níveis elevados, mas não dura para sempre – eventualmente, para.

- Pensar que não mereço sentir algo assim pode ser irrealista. A maioria de nós tende a sentir alguma ansiedade em dada altura das nossas vidas, mas irei saber lidar com ela e ficarei bem. Aliás, tenho lidado com ela durante toda a minha vida, caso contrário não estaria agora aqui.

Lembre-se também de dar algum crédito a si mesmo – tem feito um bom trabalho e já usou alguns métodos para lidar com o problema e que acabaram por resultar. É importante estar consciente disso e continuar a usá-los. Tal como em qualquer atividade, é preciso paciência – iremos lá chegar. O segredo é continuar a usar o mecanismo que acharmos que resulta melhor.

Acima, usei as minhas próprias palavras e também deverá, obviamente, usar a suas próprias palavras e a forma como se identifica melhor. Nas nossas próximas sessões, iremos implementar estas ideias, trabalhar nos pensamentos negativos e alterá-los para versões mais saudáveis durante a hipnoterapia e iremos verificar a forma como a mudança dos seus pensamentos irá também alterar as suas sensações e emoções. Será interessante e poderá conseguir receber os novos sentimentos no seu dia-a-dia.

Querida e Bela Alma

Mencionou que o seu objetivo é "tornar-me uma melhor pessoa", para que isso se possa manifestar no seu comportamento perante os outros, especialmente, perante a sua família. Gostaria de melhorar a imagem que possui sobre si mesmo, de se preocupar menos, e ser melhor perante os outros e si mesmo. Identificou "os problemas de raiva" como sendo a prioridade com a qual vamos trabalhar, e é muito importante que desenvolva as competências necessárias para gerir o problema de uma forma saudável.

Repare que "ser uma melhor pessoa" ou "ser um melhor pai ou marido" continuam a ser conceitos muito abstratos e vagos. Quando definimos um objetivo, é muito importante certificarmo-nos de que este é SMART (específico, mensurável, alcançável, realista e calendarizado) – e, por isso, é muito importante ser específico, pois só assim conseguimos medir o seu progresso e o sucesso da sessão de terapia. Se tornarmos o objetivo em algo específico, será muito mais fácil identificar quando o vamos alcançar.

Neste cenário específico, acho que devemos concordar que um dos objetivos é afastarmo-nos da raiva (uma emoção negativa e pouco saudável) e movermo-nos em direção à irritabilidade (uma emoção negativa saudável) – irei elaborar sobre este ponto pessoalmente.

Já lhe expliquei que em TCC fazemos Psicoeducação como o primeiro passo e é igualmente importante que, após isto, avancemos para o seu aspeto comportamental, e comecemos a colocar as aprendizagens em ação de forma gradual. Por outras palavras, é extremamente importante começar a incorporar tudo o que aprendeu no seu dia a dia, e inevitavelmente, irá começar a ver as mudanças positivas. Mencionei que você estava a sentir este padrão comportamental e um conjunto de crenças rigorosas durante muitos anos, o que significa que o seu cérebro está acostumado a pensar de certa forma, e por isso, responde de acordo com essa mesma forma, ou seja, pode levar algum tempo até que comece a incorporar estas novas competências. Contudo, o tempo exato depende muito da sua dedicação, vontade e flexibilidade durante este processo.

Estou mais do que feliz por podermos trabalhar juntos. Irei dar o meu melhor para fornecer-lhe a melhor orientação possível para que possamos alcançar o seu objetivo.

Por favor, tenha em mente que o que está a causar tudo isto é o B – o seu sistema de crenças, e não o A – os acontecimentos. Pode fazer a quantidade de yoga que quiser, tanto reiki ou meditação quanto desejar, mas se não mudar o B, irá continuar a cair no mesmo antigo padrão C – emoções e comportamentos negativos e pouco saudáveis. Iremos trabalhar nisto mais aprofundadamente, portanto, não se preocupe. É um passo de cada vez. Contudo, irá ver que é tudo mais simples do que pensava.

Abaixo, poderá encontrar alguns links que irão ajudá-lo a compreender a TCC/TREC (note que a Terapia Racional Emotiva Comportamental é uma das ramificações da Terapia Cognitivo Comportamental), que é a perspetiva que mais usaremos durante as nossas sessões, e, claro, irei adotar métodos de outras formas de terapia no seio da TCC e, possivelmente, da Terapia Comportamental Dialética, considerando que está relacionada com "problemas de raiva".

Querida e Bela Alma

Como continuação da nossa reunião de hoje, queria pedir-lhe para completar o PHQ-9 (Questionário sobre a Saúde do Paciente-9), que avalia o nível de seriedade da depressão através de um questionário que demora apenas 1 minuto a completar. Serve unicamente para podermos avaliar o nível da sua depressão nesta fase. Portanto, por favor preencha-o e envie-me o link assim que acabar para que eu possa dar uma olhada.

Também gostaria que fornecesse algum feedback quanto à terapia até agora. Tem achado útil e tem reparado em algumas melhorias nas suas emoções e no seu dia a dia? Se sim, que tipos de melhorias tem verificado?

Se não, poderia dizer-me quais os aspetos em que gostaria que eu me focasse mais. Além disso, que melhorias da minha parte gostaria de ver para tornar as sessões de terapia mais úteis?

A mudança não acontece da noite para o dia e exige sabedoria e prática. O lado prático, que é a mudança comportamental, é crucial para as alterações. A teoria por si só não irá levá-la longe se não for aplicada.

É muito mais fácil permanecer na zona de conforto, mas a desvantagem é que não veremos grandes melhorias, o que leva à frustração que já sente há algum tempo. Note que estes passos podem ser desconfortáveis, mas à medida que os pratica, devem tornar-se mais naturais. Estou a referir-me maioritariamente à "assertividade".

Estou a abordar esta questão porque as situações que descreveu, nas quais lhe falavam com um tom ofensivo, são completamente inaceitáveis. E, por favor, pense em si como o seu melhor amigo, alguém que adora, que apoia e com quem se importa. Pense na importância de ser mais assertiva, de forma a que os outros conheçam os seus limites para que se possa proteger de qualquer tipo de abuso verbal ou comentário ofensivo. Poderá haver um problema subjacente que tenha contribuído para a falta de assertividade e que pode estar relacionado com a autoestima. Você é maravilhosa, linda, inteligente, bondosa e doce. Claramente é boa no que faz e não deixe que ninguém lhe diga o contrário.

Recomendo que use as competências de assertividade de que falámos para que tenha algum sentido de controlo e força. É muito importante assegurar que ninguém se aproveita de si por causa da sua bondade. Certifique-se de que obtém o serviço pelo qual pagou e que lhe foi prometido.

Falou sobre a culpa que sente quando está na Internet. Note que está apenas a utilizar a internet porque assim o deseja. Se quisesse fazer outra coisa, estaria a fazê-lo, pois teria os mesmos recursos para tal. Não tem mal nenhum se não quiser fazer nada – pode usar o seu tempo da maneira que quiser. Contudo, se estiver focada em trabalhar no seu objetivo, parece que está a procrastinar ao adiar algo que realmente deseja. Não há problema, todos procrastinamos frequentemente, portanto não é preciso sentir-se culpada, já que faz parte da nossa natureza humana. Sugiro que use a regra dos 5 segundos e que prometa a si mesma que irá trabalhar nos seus projetos durante 5 minutos todos os dias. Após os 5 minutos, estará livre para parar ou continuar se assim o desejar. Mas a regra é de 5 minutos por dia. Trata-se de um passo, e cada passo deve levá-la a ficar mais perto do seu objetivo. Por outro lado, sem ações não há resultados.

Lembre-se que aquelas emoções negativas que está a sentir, como a culpa, estão a ser criadas através da perspetiva negativa que está a usar para interpretar o "distrair-se". Pode distrair-se quanto quiser, não há nada de errado com isso – não se sinta culpada.

Como Alan Watts afirma, o significado da vida é simplesmente estar vivo e disfrutar da dança, e mesmo assim todos estão com pressa e cheios de pânico como se houvesse algo de muito importante a alcançar. Os seres humanos sofrem porque levam demasiado a sério o que o nosso criador possa ter criado para a diversão.

Querida e Bela Alma

Obrigado por vir hoje. Gostei muito da nossa sessão e espero que esteja a conseguir obter mais clareza e a pensar de forma mais saudável para poder resolver o problema que está a enfrentar.

Em primeiro lugar, discutimos fatores comportamentais que, se alterados, iriam provavelmente ajudá-la a tolerar a sua situação de forma mais positiva.

Referiu que não costuma abordar muitas questões para evitar confrontos, e discutimos a assertividade necessária para poder expressar a sua mensagem de um modo eficaz.

Você tende a sentir ansiedade e culpa, que é completamente normal. Ainda não abordámos essas emoções, mas espero que continue a trabalhar nelas, já que são emoções negativas pouco saudáveis.

Pedi-lhe para formular o problema para que possamos saber com o que estamos a trabalhar, e você disse que:

"Já não quer continuar casada e pretende um divórcio pacífico."

Perguntei-lhe o que a impedia de alcançar o seu objetivo e mencionou ser a pressão que sente através do seu parceiro e da sua família.

Um grande impedimento para não agir é o medo do resultado.

O resultado mais indesejado é a incompreensão dos seus entes queridos.

Quais são os recursos que possui?
Alguns membros diretos da família que compreendem perfeitamente o seu lado, que querem o melhor para si e que estão dispostos a apoiá-la como tanto precisa numa fase como esta.

Como podemos minimizar o "resultado temido" e o resultado indesejado?

Concordámos que o melhor plano de ação seria estar muito convicta quanto à sua decisão e comunicar a mensagem de forma diligente para assegurar a compreensão e empatia total.

Recomendaria que escrevesse tudo – use os quatro passos da assertividade quando o fizer.

Por último, assim que os passos acima mencionados forem completados com sucesso, irá chegar a hora de tomar o passo mais temido: a ação.

Nota: a natureza, complexidade e seriedade dos passos que irá brevemente dar irão exigir uma comunicação diligente, força, objetividade e foco. O seu discurso também deverá ser maturo e bem ponderado.

Irei agora partilhar consigo um discurso de Alan Watts relativamente ao casamento: "Não existe nada de errado com o casamento, exceto a instituição legal. A situação natural de um homem e mulher viverem numa companhia constante, com ou sem filhos, é algo admirável que resulta apartir do momento que nenhuma das partes insista que deve resultar, e achar que a outra pessoa é propriedade sua. Quando uma pessoa é vista como propriedade, esta torna-se automaticamente um boneco."

Sempre que realizo uma cerimónia de casamento para amigos meus, costumo dar um discurso como o seguinte:

"O que vou dizer pode soar deprimente, e até cínico, mas acho que não irão pensar desse modo na prática. Existem três coisas que gostaria que tivessem em mente. A primeira é que agora vocês complementam-se um ao outro e estão provavelmente a ver-se no vosso melhor. Todas as coisas têm tendência a desintegrar-se com o tempo. Os anos passam e as pessoas tendem a piorar ao invés de melhorar.

Portanto, não se casem com a expectativa de tornarem o outro melhor. O crescimento pode acontecer, mas não pode ser forçado.

A segunda coisa está relacionada com a honestidade emocional. Nunca finja sentir um amor que não sente, pois o amor não é nosso para comandar. Pela mesma razão, não exija o amor do seu parceiro, pois quando dado como obrigação, este não é verdadeiro, e não dá prazer a ninguém.

A terceira coisa é não se apegarem um ao outro até cometerem estrangulação mútua. Vocês não pertencem um ao outro, e devem confiar no vosso parceiro para permitir que este/esta tenha a liberdade para ser quem é. Se seguir estas dicas, o seu casamento terá uma base mais forte do que qualquer contrato formal ou promessa por mais solene e juridicamente vinculativa que seja. Um casal que se oponha a este discurso não se deve casar." – Alan Watts

Acredito que se recorrer ao material fornecido hoje com tempo e foco, irá possuir uma ideia mais clara sobre a situação e soluções fornecidas. Isto irá ajudá-la não só na tomada de decisão, mas também no que toca a conscientizar-se quanto às vantagens e desvantagens a curto e longo-prazo. Como pode ver, foi apenas necessário encontrar alguma estrutura e fazer as perguntas "certas", "produtivas" ou "relevantes".

Disfrute do resto do fim de semana e se não concluir este exercício, poderemos trabalhar juntas na nossa próxima sessão. Estamos a falar de algo relevante, pois esta é uma decisão que irá mudar a direção da sua vida significativamente.

Certifique-se de que não se esquece do seguinte: os melhores progressos que pode fazer é no seu próprio desenvolvimento pessoal.

Querida e Bela Alma

Durante a sessão, concordámos que a partir de agora irá fazer as seguintes coisas:

1. Identificar um ginásio, preferencialmente com um personal trainer, ou um ginásio com aulas que lhe interessem: pode ser zumba, yoga, spinning... Não tem nada a perder ao experimentar.

2. No seu calendário, irá incluir um dia para tratar do seguinte:

a) Pele – pode ser através de argila... ou de um outro método que ache melhor para si.

   Pode colocar uma maquilhagem suave, que normalmente dá um ar positivo e a faz sentir mais bonita.

b) Deve pensar em alguma forma para tratar do seu cabelo – algo simples como encaracolar o cabelo faz uma grande diferença. Pode falar com uma cabeleireira e partilhar ideias sobre como tomar conta do seu cabelo e sobre como inovar de alguma forma.

c) Certifique-se de que tem sempre as unhas pintadas e bonitas, para que olhe para elas e goste do que vê.

d) Irá olhar para o seu roupeiro e pensar em formas inovadoras de mudar o seu estilo e a maneira como se sente. Coisas simples como colares e brincos podem fazer a diferença e sempre que olhar no espelho pode gostar mais do que vê... e isto irá automaticamente refletir-se na forma como o seu marido a vê. Preste mais atenção a si mesma e irá começar a sentir-se mais independente, o que irá naturalmente criar interesse e curiosidade.

Hoje em dia, com as informações ilimitadas que pode encontrar no Google, pode procurar algo simples como: "como fazer uma transformação" ou "ideias de transformação", para que possa ter algumas ideias.

Então, o seu trabalho de casa é fazer o que mencionei acima, e durante a nossa sessão, terei todo o gosto em ver que já organizou o seu calendário e que está a fazer o que recomendei – prometo que iremos ver resultados muito positivos. Penso que já reparou que a estratégia que uso é oposta à estratégia que você usa. Em vez de se focar em mudar o seu marido, vamos utilizar a estratégia oposta – vamos mudar o seu comportamento. Mais uma sugestão: A partir de agora, vai fazer uma promessa a si mesma: sempre que ele chegar a casa, você vai sorrir e estar de bom humor – isto irá também causar alguma curiosidade da parte dele, pois vai querer perceber o que se está a passar.

Querida e Bela Alma

Foi um prazer estar consigo na sessão de hoje e ver todo o progresso que tem feito desde a primeira vez que estivemos juntos. Como mencionou, estou a lidar com duas pessoas completamente diferentes.

Ao início, conheci uma pessoa com muitas dúvidas quanto aos seus objetivos na vida e quanto a si mesma, ao ponto de achar que não era um bom profissional, simplesmente porque esporadicamente cometia erros e não conseguia lidar com as responsabilidades resultantes da sua promoção. Claramente, esta perspetiva não era partilhada pelas pessoas da empresa, pois teve sucesso e foi convidado a assumir um cargo de maior responsabilidade.

Dizia que sentia muitas vezes que devia desistir. Hoje, está a desempenhar a função que tanto o assustava e constantemente enchia a sua mente de "e se…". Agora está tudo a correr bem. Menciono este exemplo para que sempre que tiver medo de deixar a sua zona de conforto e de seguir os seus sonhos e objetivos, se lembre do filme que fez sobre esta situação, do quão desnecessário foi. Vai pensar que se tivesse seguido o caos que tinha na cabeça, não estaria onde está hoje. De facto, não teria saído do mesmo lugar e estaria muito frustrado.

O seu crescimento/conquistas aconteceram rapidamente e acho que os grandes fatores que possibilitaram esta mudança assentam no facto de se ter realmente dedicado e focado em aprender mais, até que alcançou resultados.

Hoje, mencionou o desejo de viajar por outros continentes e de investir na sua ideia de negócio. Mas, depois, disse que algo que o afetaria muito negativamente seria o facto de verificar que estava ainda preso e que não estava a crescer a nível profissional.

A decisão que tomar deve estar baseada em:

1. O que valoriza mais: viajar ou independência profissional?
2. Qual é o valor monetário necessário para realizar cada uma destas ideias? Escreva detalhadamente as despesas de cada uma, incluindo os custos relacionados com o visto, acomodação, viagens internas (por exemplo, na Ásia), alimentação, dinheiro extra, etc.
3. Em termos de negócios, seria importante calcular o retorno que terá – para que saiba quanto vai ganhar em cada mês.
4. Escreva o seu salário num papel juntamente com as suas despesas mensais variáveis e fixas (pode ainda incluir quanto dinheiro gasta quando está com amigos, por exemplo) e veja quanto lhe resta.

5. Calcule o valor que lhe sobra sempre todos os meses, e tenha uma ideia quanto à quantidade de dinheiro que consegue poupar até uma certa data.

6. Abra uma conta bancária extra para sempre que receber o seu salário possa imediatamente transferir o dinheiro e não lhe tocar. A partir daí, começará a agir como se o outro dinheiro não existisse.

7. Após escolher uma data e saber quanto precisará de poupar até esse dia, quais são os objetivos que consegue alcançar e quantos são? Lembre-se sempre das suas prioridades e do que é mais importante para si: curto ou longo prazo.

8. É importante organizar todas estas informações, especialmente se o fizer num documento Excel limpo e claro. Repito que terá de abdicar de algumas coisas para poder alcançar os seus objetivos. Recomendaria que escolhesse 3 dias da semana para se focar apenas nisso. Acredito que à medida que vê os resultados, estará mais disposto a trabalhar e ficará sempre muito orgulhoso por cada conquista. A parte mais importante de um negócio é o seu plano – para que possa ter um guia. Além disso, vi que possui uma lista de coisas a fazer, onde pode colocar as datas correspondentes. Assim, sempre que se sentar e analisar tudo, saberá imediatamente o que tem a fazer.

E, por último, também disse que é muito importante aliar as suas visões de curto e longo prazo com os objetivos para definir o seu negócio; o público alvo, a estratégia de marketing, a apresentação da empresa, os preços, quanto tempo demora a entregar uma encomenda, quem irá trabalhar consigo, etc. Falámos do Google Docs, que pode implementar no seu departamento (para explorar melhor), e depois falámos sobre o Fiverr, um site/aplicação onde pode encontrar muitos freelancers para diferentes propósitos e a preços muito acessíveis, mas tenha cuidado com os vendedores não fiáveis.

Aguardo o seu feedback. Tenha uma ótima semana!

Querida e Bela Alma

Espero que tenha gostado da sessão de hoje. Estou muito feliz por ouvir que tem tido resultados positivos – fico muito satisfeita e concretizada. Consigo definitivamente ver grandes melhorias em comparação à forma como estava quando nos conhecemos na primeira sessão. Pareceu confuso, as suas ideias estavam um pouco por todo o lado e estava a dar importância e a gastar muito do seu tempo a preocupar-se com coisas que não mereciam tal dedicação/atenção. E, agora, parece-me muito mais equilibrado, calmo e as suas ideias estão cada vez mais claras. Tem sido um cliente fantástico, pois está dedicado e disposto a trabalhar comigo para alcançar o seu objetivo. Muito bem! Até já tirou algum tempo para se dedicar ao seu Plano de Negócios – está definitivamente a ir na direção correta.

Hoje, falámos maioritariamente sobre hábitos que deseja ajustar e sobre sentimentos fortes que sente quando ouve as palavras "acabar a relação".

Quanto aos hábitos impulsivos, concordámos que iria planear executá-los três vezes por semana, no mínimo, nas alturas que achar mais apropriadas. Assim, irá dar resposta às suas necessidades e pode ainda reduzir a possibilidade de executar estes hábitos de forma impulsiva. Com o tempo, conseguimos diminuir a exposição. Se não conseguir comprometer-se a longo prazo, não se preocupe. Precisa apenas de continuar a tentar/praticar e irá lá chegar (é tal como acontece na condução).

Quanto aos seus hábitos, se verificar que está a sentir-se negativo ou em baixo, pare. Pode parar porque ninguém o vai obrigar a fazer nada. Então, se alguém lhe disser que não deve parar, não preste atenção a isso. Pode sempre dizer que gosta do que está a fazer, o que dificulta o processo de parar, mas essa é, obviamente, outra história. Recomendaria parar simplesmente para mostrar a você mesmo que está em controlo – ao contrário de ficar escravo dos seus próprios pensamentos e hábitos. Lembre-se que o que disser à sua mente é o que se torna realidade.

Por último, discutimos o impacto que as palavras "acabar a relação" têm sobre si. Sugiro que faça o que chamamos de Difusão Cognitiva, onde uma das técnicas passa por repetir essas palavras muitas vezes, por exemplo, cem vezes. Não tenha medo de se sentir aborrecido, apenas continue a fazer sons e ritmos diferentes até a palavra não possuir significado.

Este exercício é muito importante porque ajuda-o a alcançar o ponto em que palavras são apenas palavras para si... não têm significado... e consegue facilmente identificá-las como SPAM sem evocar quaisquer emoções a partir das mesmas. Por favor, faça isto. Ficarei a aguardar o seu feedback até à próxima sessão.

Querida e Bela Alma

Espero que esteja bem. Esta é uma breve nota acerca da nossa última sessão e do trabalho de casa que discutimos.

Suspeito que o medo da separação é o fator que mais a sobrecarga, e esse sentimento é tão forte que está disposta a lidar com qualquer situação, por mais destrutiva que seja, apenas para garantir que isso não acontece. Infelizmente, este medo está a impedi-la de ter comportamentos relevantes tendo em conta as suas tarefas, pois o seu cérebro leva-a a achar que é uma má pessoa.

Há uma grande diferença entre assertividade e malícia e entre defender os seus valores, definir limites e estar consciente dos seus direitos como um indivíduo.

Quando se deparou com a pergunta: o que procura num parceiro? Falou-me, inicialmente, sobre aspetos que até um robô poderia referir. No entanto, quando lhe pedi uma resposta mais aprofundada, que incluísse características e expectativas do que pretende ter, não soube o que dizer e parecia não conseguir pensar numa única qualidade. Isto é extremamente preocupante, pois é um reflexo de uma grande falta de autoestima. Tal também poderá justificar o facto de não defender os seus direitos ou de não se posicionar firmemente quando é vítima de abuso verbal ou emocional – pois acaba por ignorar as suas necessidades emocionais. Não lhe estou a pedir para responder à questão: "Quem sou eu?", pois esse seria um pedido irrealista, mas estou a dizer-lhe para se conectar consigo mesma.

Sempre que mostrar confusão ou algo relacionado no que toca ao caminho a escolher, irá pensar nos cenários que a outra pessoa pode criar, avaliar todas as probabilidades, e assim, colocar o seu parceiro na posição de ser a única pessoa a tomar decisões, o que resulta em limitar-se a ser um mero seguidor.

Peço-lhe para que:

1) Sente-se, sem pressa ou interrupções. Feche os olhos e deixe que os episódios dos últimos meses passem pela sua mente e observe-os como uma terceira pessoa a ver um filme – não os interprete de acordo com a sua perspetiva. Observe todas as personagens, incluindo você, e a forma como cada uma se comporta e responde às reações do outro... depois, sente-se e escreva uma história na qual define os personagens principais, comportamentos, acontecimentos, bem como as

emoções. Por favor, traga esta história para a próxima sessão.

Numa nota diferente, simplesmente:

(1) Pergunte a si mesma o que pretende. O que é que eu espero de um parceiro?
(2) Quais são os meus valores quanto a relações?

Por favor, tire algum tempo para pensar sobre estas questões, analise-as e verifique se o que sente está mais perto de amor, de fixação ou vício.

Espero que isto ajude e que tenha um ótimo dia.

Querida e Bela Alma

Fico muito feliz por ouvir que está a ver melhorias na sua relação, e principalmente na comunicação entre os dois, o que é muito importante. Sugiro que não se preocupe demasiado com atingir determinados sentimentos da parte dele – mas sim, na praticidade das coisas. E acredito que, à medida que a harmonia se vai instalando e que a vossa amizade é restaurada, tudo irá novamente voltar a ser como antes.

Gostaria ainda de realçar o facto de as nossas memórias relativamente ao passado serem muitas vezes distorcidas, apesar de pensarmos que não. Essa desfocagem que mencionou é experienciada por muitas pessoas porque, apesar de pensarmos que nos lembramos de algo tal como é, vários estudos provam que a nossa memória não é confiável. Tendo isto em conta, não tenho a certeza até que ponto seria útil rever cada incidente, mas tal como discutimos, penso que ambos precisam apenas do reconhecimento da outra parte, de empatia e de lembrar tudo o que já viveram juntos, pois certamente não foi fácil para vocês. Assim, eu apoiaria definitivamente esta reflexão.

Depois, diga-me como correu. Espero que goste do livro, e tenho a certeza de que este irá ajudá-la a compreender as nossas emoções e comportamentos pouco saudáveis e a perceber como poderemos alcançar uma versão mais saudável dos mesmos.

Querida e Bela Alma

Espero que após a nossa sessão se sinta bem e que consiga aceitar a perda — não é fácil para ninguém. Certamente, ele deve estar a passar pela fase de luto, um período importante e, infelizmente, inadiável.

Bem, precisamos agora de realizar uma avaliação das nossas sessões de terapia. Já falámos e discutimos diversas coisas e ideias, mas continua a ser complicado para si implementar qualquer uma delas. Além disso, não vejo motivação da sua parte em termos de fazer um esforço e ser mais proativa para mudar as circunstâncias em que se encontra, o que resulta numa séria procrastinação e estagnação.

E se isto significar que a terapia por si só não é suficiente, recomendo que combine estas sessões com as de um psiquiatra, e depois poderemos falar sobre o que funcionou, não funcionou e porquê.

Talvez eu possa enviar um relatório a alguém para que possamos ir fazendo progressos. Normalmente, todo este processo funciona melhor quando dois profissionais se juntam, e você, como cliente, faz um esforço para tornar as coisas realidade.

Não quero que este ano seja uma continuação do último em nenhuma das nossas vidas. Precisamos de ver progressos, de identificar o que não está a permitir esse mesmo progresso e temos de procurar a ajuda médica necessária e aliá-la às técnicas da terapia, que não só envolvem uma comunicação aberta entre as duas pessoas, onde ideias são partilhadas, mas também uma necessidade de fazer progressos.

Mas, primeiro, precisamos de remover esta âncora que a está a prender.

Por favor, pense neste email e diga-me se nos podemos comprometer com isto. Tem duas semanas para começar a avaliar as coisas que precisam de mudar na sua vida. O que é que está a impedi-la? Podemos falar sobre isto intensivamente.

Por favor, prometa a si mesma que este não será outro ano deprimente. Você tem muitas coisas boas nas quais se pode focar. É hora de parar de permitir que obstáculos invisíveis atrapalhem o seu caminho e a impeçam de ser bem-sucedida.

Querido e Belo Casal,

Foi um grande prazer ver-vos hoje, e fico feliz por verificar que houve melhorias neste curto período de tempo.

Compreendo perfeitamente a razão pela qual o trabalho de casa ainda não foi feito e espero que percebam a importância do exercício que fizemos hoje com as personagens. Isto ajuda a diminuir a probabilidade de procrastinação, já que estamos todos conscientes de que não é fácil tomar passos que nunca tomámos antes. Como podem ver, discutir o assunto em detalhe, abordar e rever todos os pontos, torna tudo mais real e menos abstrato.

Charles, lembre-se do que a Anne disse - mesmo que só consiga 30%, esse número seria mais do que suficiente para ela. O mais importante é que ela sinta que está do lado dela e que a apoia. Como a Anne se sente só, ela iria, assim, vê-lo como alguém com quem pode contar.

Anne, lembre-se também de reconhecer e apreciar todos os esforços que o Charles está a fazer para manter a família junta, bem como a apreciação que ele sente por si e o desejo de a ter como esposa. Ele definitivamente já conheceu muitas pessoas na sua vida, e mesmo assim escolheu-a a si. A falta de comunicação dele com a sua própria família não é uma reflexão de falta de cuidado, mas deve-se sim ao facto de ele se sentir apenas desconfortável para o fazer. Os homens são complicados, e saber que um quer casar consigo e passar o resto da vida ao seu lado não é comum, confie em mim. Aquilo que mais observo é exatamente o contrário – homens que não gostam quando as mulheres abordam a ideia do casamento... basta olhar à sua volta.

Por isso, eu espero que consiga ver o valor e raridade do comportamento dele, o que significa que você é extremamente preciosa. De acordo com a minha experiência, quem procura a terapia é, maioritamente, a mulher, sendo que é sempre uma batalha tentar fazer o homem concordar. Estas são apenas estatísticas e comportamentos que tenho observado. Há ainda um grande nível de investimento, não só financeiro, como de tempo, e o Charles tem estado disposto a dedicar-se considerando tudo isso, pois está a lutar pelos seus valores. Lembre-se disso e mostre a sua apreciação. Vi a forma como olhou para ele hoje e a forma como se sentiu – foi muito óbvio, pois os seus olhos brilharam.

Infelizmente, mantermo-nos na nossa zona de conforto a toda a hora não traz bons resultados, e, por vezes, temos de sair da mesma, fazer o esforço pelo bem da nossa relação, bem-estar e crescimento. Existe uma grande diferença entre assertividade e agressividade. E enquanto não formos assertivos, as nossas famílias irão continuar a tratar-nos como crianças, portanto, definir limites é algo extremamente importante e que devemos implementar nas nossas vidas.

Como mencionei, aconselho vivamente que isto seja visto como um compromisso sério e que será feito de qualquer das formas. Para o seu próprio benefício e para as coisas andarem para a frente, sugeria que falasse com a sua família para que eles percebam a necessidade de distanciamento. O propósito da conversa é trazer de volta a harmonia, eliminar ressentimentos e minimizar qualquer probabilidade de situações desconfortáveis no futuro. As coisas não são imediatas, mas tenho a certeza de que iremos lá chegar eventualmente.

Discutimos que seria importante dar um resumo do passado da sua parceira para mostrar que esta não é, de todo, uma pessoa má – simplesmente, tudo isto é novo para ela.

Penso que a conversa será muito mais fácil do que pensa. Irá fluir, haverá interação e lembre-se de defender sempre o ponto de vista da Anne, agora que já percebe claramente o que ela sente, e reflita sobre isto da forma mais pacífica possível.

Espero que se divirtam amanhã, que bebam e que deixem os encargos para trás e vivam o presente. Façam dessa noite um momento inesquecível como os de antes, pois todos ainda temos uma "alma jovem e livre" dentro de nós. Trabalhem de modo a voltarem a ser amigos... tenho a certeza que dará certo. Se um de vocês começar uma discussão, olhem um para o outro, sorriam, e percebam que não há razão para estarem chateados –

riam-se da situação. Depois, falem do facto de não haver necessidade de discutir. Normalmente quando um se ri, o outro também tem mais probabilidade de o fazer.

Querida e Bela Alma

Você pediu conselhos sobre como obter os melhores resultados no ambiente de trabalho. Você parece ser muito cauteloso, detalhado na sua abordagem às coisas e motivado pela segurança. Acredito que é muito importante que o seu patrão lhe dê a liberdade para o abordar a qualquer momento, pois tal trará uma sensação de reafirmação e segurança durante os processos de tomada de decisão (principalmente em áreas nas quais não está tão familiarizado). Também sugeriria para qualquer tarefa que lhe for dada - que ele / ela forneça o máximo de detalhes possíveis sobre o que é esperado de si - isso acompanha o facto de você ser cauteloso no processo de tomada de decisão e de também ser impulsionado pela segurança.

Note que para a Análise do Perfil Pessoal (PPA), também temos relatórios que foram criados para esse propósito em específico. É chamado: "Como gerir "X..." – normalmente, ambas as partes fazem o teste, e assim, conseguimos obter uma melhor compreensão sobre como maximizar o desempenho, identificar motivadores, o que não fazer, etc...

Com base na ideia de que está numa posição de liderança, sugeriria que tirasse algum tempo para refletir e avaliar as suas competências de influência, que incluem desenvolver mais relações interpessoais no seio da organização, assertividade, e competências de comunicação que irão inevitavelmente levar as pessoas a sentir-se mais acolhidas na organização, proporcionando, assim, o sentimento de pertença a uma família; estas competências também lhe permitem possuir mais influência na sua equipa à medida que esta incorpora competências de liderança. Além disso, o "sentido de família" na organização leva a ótimos resultados, contribuindo ainda para um sentido de motivação no seio de uma equipa, apesar de ser importante estabelecer limites, pois precisamos de assegurar que estamos a criar uma equipa extremamente qualificável e profissional.

Note que os testes PPA servem para avaliar o nosso comportamento no ambiente de trabalho, e não a nível pessoal, ou seja, é provável que a equipa apresente semelhanças nos seus perfis.

Outra observação que fiz foi que a equipa tende a não falar, a não partilhar as suas opiniões e parece ter medo de cometer erros. O desejo de não cometer erros é ótimo e necessário, no entanto, seria mais recompensador se o sentimento fosse de preocupação em vez de medo. O medo é uma das características da ansiedade, e assim, uma emoção negativa não saudável, o que leva a comportamentos irrelevantes tendo em conta as tarefas necessárias, como a verificação contínua dos processos de trabalho, o que afeta diretamente a velocidade do mesmo.

Ainda relativamente a esta questão, identifiquei que o "medo" que eles experienciam justifica-se pela rigidez e baixa tolerância aos erros. Este medo que sentem parece estar relacionado com o "sentido de confiança".

Após a reunião com os trabalhadores, conclui que muitos mostraram descontentamento perante a tolerância zero de erros, mas infelizmente, nós, humanos, temos como uma das nossas maiores características a imperfeição. Contudo, na situação atual, apercebi-me de que, se por algum motivo, algum erro ocorrer, existe a probabilidade de se aplicar algum tipo de castigo ou consequências negativas que parecem ser mais prejudiciais do que construtivas – por isso, tal reforça o medo quanto a estas. Note que, normalmente, se alguém estiver extremamente preocupado em evitar erros, isso automaticamente afeta a qualidade do trabalho, visto que a preocupação influencia a quantidade de foco depositado na atividade e consequentemente na velocidade que o faz.

Creio que o retiro para o team building do fim de semana num resort de praia foi um bom passo, pois permitiu-me compreender a natureza do seu trabalho, os seus perfis e os desafios que enfrenta.

É necessario focar nos objetivos da empresa, na resolução de conflitos, identificar os problemas, as suas causas, pensar em soluções, os obstáculos, as soluções mais eficazes e a implementação de um plano.

É igualmente importante desenvolver um plano de ação com os passos claramente definidos. Os tópicos mencionados acima são de extrema importância, e por isso, recomendo vivamente a ir a um retiro nos proximos meses, no qual iremos abordar os problemas atuais que está a enfrentar, trabalhar em detalhe sobre os mesmos e apresentar um bom plano de foco para construir uma equipa mais forte e dedicada.

Compilei um programa de follow up, que gostaria de partilhar para que possamos discutir tudo com mais detalhe.

Tenha um ótimo dia.

Querida e Bela Alma

Foi bom voltar a vê-la hoje, e estou muito feliz por ver que tem tirado algum valor das nossas sessões de terapia.

Ainda não expliquei detalhadamente o modelo de distúrbio emocional, apesar de já ter mencionado que uma das razões que causa este problema são as exigências que colocamos sobre nós mesmos, nos outros, ou no mundo. Por outras palavras, todos os "devo", ou "tenho de".

Além disso, pensamentos como "tudo tem de acontecer da forma que quero, e quando eu quero" também precisam de ser eliminados. Acreditamos que os pensamentos são o fator primário que afeta as nossas emoções e comportamento, pois está tudo interconectado. Assim, é ideal substituir as exigências com preferências. Dessa forma, ainda poderemos sentir uma emoção negativa, mas será uma emoção negativa saudável em vez de uma emoção negativa não saudável. Um exemplo de uma emoção negativa saudável é "tristeza", e uma não saudável é "depressão". O objetivo não é eliminar as emoções negativas, mas sim experienciá-las de forma saudável, o que é mais realista, lógico, racional e útil. Outro exemplo poderia ser sentir preocupação em vez de ansiedade.

Outros estímulos são: baixa tolerância para frustração e a vontade de se desenvolver uma tolerância mais alta. Podemos identificar isto quando dizemos a nós mesmos algo como "Não aguento estar no trânsito... é o fim do mundo." Este tipo de afirmações pode ser substituído também por preferências "Não gosto de estar no trânsito, mas não é o fim do mundo."

"Awfulising" (piorar tudo): em TCC, este termo refere-se a algo 100% mau. Trata-se de quando avaliamos uma situação como se fosse o fim do mundo, mas na verdade, estamos apenas a atribuir uma dimensão muito mais catastrófica à mesma. Afinal, não é algo assim tão mau.

Autorrepressão: fazemos isto ao avaliarmo-nos ou aos outros com base num único acontecimento. Por exemplo, quando olhamos para alguém como se fosse um fracasso apenas porque falhou num exame ou não alcançou o objetivo do mês. Acontece quando ignoramos todas as conquistas e qualidades de alguém.

Ao fazer isto, pode concluir que a realidade é que nos disturbamos com as nossas próprias visões e crenças irracionais. Este exercício exige prática, mas assim que se torna consciente do mesmo, é muito mais fácil possuir crenças alternativas mais saudáveis.

Como trabalho de casa para esta semana, complete um exercício de autorreflexão, no qual usa um exemplo de uma situação recente em que sentiu emoções negativas e comportou-se de acordo com as mesmas. Quando olhar para trás, reconhecerá que talvez exagerou de alguma forma e perceberá que poderia ter abordado a situação de forma mais saudável.

Por favor, faça este exercício e traga-o para a nossa próxima sessão, pois irá permitir-me avaliar e fornecer-lhe feedback construtivo.

Autorreflexão

Escolha um problema no qual quer trabalhar. Pode ser algo que foi estimulado através das nossas sessões ou que seja um problema na sua vida atual, através do qual experienciou emoções negativas não saudáveis.

1. Após refletir sobre o problema/acontecimento na sua vida, como se sentiu? (Utilize a sua própria terminologia no que toca a expressar os seus sentimentos, por exemplo, raiva, tristeza, nervosismo, etc.)
2. O que estimulou os seus sentimentos? Descreva o que aconteceu (A- Ativar o acontecimento).
3. Quais eram os pensamentos que tinha quando experienciou os sentimentos que descreveu na sua resposta à Q1? (Consequências Cognitivas)
4. O que pensou fazer quando experienciou os sentimentos que descreveu na sua resposta à Q1? (Tendência de Ação)
5. O que fez quando experienciou os sentimentos que descreveu na sua resposta à Q1? (Comportamento)

Identifique os seus sentimentos (saudáveis ou não); deve usar termos como "ansioso", "preocupado", "desapontado", "magoado", etc.

6. Das emoções que identificou, qual foi o sentimento negativo e não saudável mais dominante ou mais intenso que experienciou, ou em qual deles quer trabalhar primeiro?

7. Nesse momento (quando experienciou tal emoção negativa não saudável), qual seria o seu maior desejo, se estivéssemos num mundo ideal?

   a) Por exemplo, "o meu maior desejo era que todos pensassem "eu sou inteligente"."
   b) Escreva o seu maior desejo na forma de exigência ("devo", "tenho de", etc). Por exemplo, "todos devem pensar que eu sou inteligente".

   Identificou agora uma crença não saudável DEVO.

8. Como se sentiu quando experienciou a emoção identificada? Por exemplo, "foi absolutamente horrível", ou "foi mau, mas não foi horrível".

9. Quão difícil foi sentir a emoção? Por exemplo, "Foi insuportável", ou "foi difícil para mim, mas consegui aguentar."

10. Como se avalia a si/alguém/o mundo devido a isso? Por exemplo, "Aceitei-me", ou "Sou inútil/mau/sem valor/um fracasso".
11. O que aprendeu com a sua reflexão?
12. Como pensaria de forma diferente quanto à situação que descreveu, de forma a considerar algo mais construível e útil para si? (Construa uma crença alternativa saudável – uma que seja flexível, consistente com a realidade e que o ajude a alcançar os seus desejos/objetivos).
13. O que poderia fazer de diferente que fosse útil e construtivo para si?

(Pense na importância de agir contra as tendências e de acordo com uma crença saudável que tenha construído na Q12)

14. Como pode reforçar o que aprendeu?

Querida e Bela Alma

A chave é a consciência dos nossos pensamentos, sentimentos e comportamento, e a forma como tudo se conecta, por isso, tente compreender quais os pensamentos que lhe ocorrem. Sente-se e tire algum tempo para escrever tudo o que lhe vier à cabeça, e tente não julgar ou manipular os seus pensamentos. Desta forma, poderemos ter uma melhor compreensão do que se está a passar na sua mente, o que pode estar a contribuir para a forma como se sente, e consequentemente, poderá compreender a situação atual.

Agende um dia no spa, faça as unhas, vá ao cabeleireiro, faça qualquer coisa para se sentir ainda melhor e mais bonita. Vista roupas novas, comece a fazer desporto/ginásio/atividades/yoga – qualquer coisa que disfrute.

Cheguei à conclusão de que os homens são perseguidores, gostando de perseguir e seduzir. Se fizer todo o trabalho por ele, irá deixar-lhe sem espaço para o fazer. Por isso, tente não voltar a persegui-lo e dê-lhe razões para que seja ele a fazê-lo. Faça com que ele repare em si, e prometo que, naturalmente, as coisas mudarão na direção oposta. Lembre-se que não se trata de jogar jogos, mas sim de criar uma situação favorável para si.

Querida e Bela Alma

Como já deve ter lido no meu website, eu sigo a abordagem Comportamental Cognitiva, especificamente a Terapia Racional Emotiva Comportamental e a mesma abordagem para a hipnoterapia também, que é baseada em evidências. Por outras palavras, não é algo que vejamos em palco ou em transe. Eu facilito este processo ao permitir que atinja um estado profundo de relaxamento, em que esteja 100% consciente, e sugiro que siga as minhas sugestões ao usar a imaginação.

Apesar de a TCC ser focada nos objetivos, ainda não discutimos as expectativas que tem para as sessões de terapia e os grandes problemas que pretende abordar.

Os acontecimentos pelos quais passou recentemente são profundos e era de esperar que se sentisse magoada e que precisasse de passar pela fase de "luto". Não acho que seja ideal saltar esse processo ou tentar escapar ao sentimento de tristeza, pois essa é apenas uma resposta natural ao sucedido. Quando não se deixa sentir isso mesmo, o mais possível é ficar aborrecida e, naturalmente, seguir em frente. A realidade é que quanto mais evitamos algo, mais isso se intensifica. Quanto mais disser "não" ao seu cérebro, mais está a mandar fazer exatamente o que tenta evitar. Por exemplo, "Tente não pensar num elefante rosa" – o que é que o seu cérebro acabou de fazer? Sim, acabou de pensar num elefante rosa! Porquê? Porque o seu cérebro não sabe o que "não" significa.

Então, lembre-se de que os nossos cérebros são como máquinas. Programamos máquinas, certo? A ideia seria treinar o cérebro para termos o resultado desejado.

Então, a questão mais importante é: o que é que você quer?

Assim que souber, diga-me, e vou fazer o meu melhor para ajudá-la a alcançar isso mesmo.

Note que o propósito da terapia varia entre querer ultrapassar uma emoção, querer mudanças em certas áreas, remover conflitos do caminho, ou ter terapia por escolha. Por exemplo, tenho alguns clientes que me veem semanalmente há vários anos. Eles acham útil tirar uma hora da sua semana para discutir o que se passa nas suas vidas, num ambiente seguro, para que possam ouvir uma perceção objetiva das coisas.

Você parece ter ótimas qualidades, tem feito um bom trabalho com as pessoas e com os seus antigos parceiros, e tem consciência disso. Você é um exemplo vivo de que o passado não determina quem somos nem o que o nosso futuro será; poderá contribuir até certo ponto, mas não completamente. Trata-se de uma escolha e você escolheu ter sucesso e ser uma pessoa maravilhosa, por isso, elogie-se!

Já estabeleceu a sua escolha quanto a homens – se quiser um resultado diferente do que tem obtido, é importante que mude a sua abordagem, o que irá permitir que obtenha um resultado diferente. Isto é algo que deve ser importante de explorar, bem como as razões por trás.

E você está correta, ajudar as pessoas não é a sua obrigação -imagine o quão difícil seria mudar alguém para melhor, portanto qual era a probabilidade de você o conseguir fazer? No meu caso, o meu trabalho é "consertar" pessoas, mas tudo depende da disposição e desejo de mudança por parte dessas mesmas pessoas. Nunca me irá ver tentar "consertar" pessoas fora do trabalho porque, nessa circunstância, já não é o meu papel. Claro está que quando me abordam e pedem conselhos, estou mais do que disposta a ajudar. Contudo, uma das lições mais difíceis que aprendi é que não conseguimos consertar toda a gente.

Concordo com o que disse: provavelmente, essas pessoas sentem que você é uma pessoa amorosa e dedicada, e tentam aproximarem-se. As pessoas que normalmente sugam a sua energia são chamadas de vampiros de energia.

"As pessoas empatas tendem a entrar em relações pensando que podem ajudar a outra pessoa, acabando por dar toda a energia a esse alguém."

A chave para o sucesso é ter consciência dos nossos pensamentos, sentimentos, comportamentos e da forma como tudo se conecta, por isso, tente compreender quais os pensamentos que passam pela sua mente.

Apenas sente-se e tire algum tempo para escrever tudo o que lhe vai na mente, sem julgamentos ou manipulações. Assim, poderá ter uma melhor compreensão do que se passa na sua cabeça, e consequentemente, perceberá melhor a sua situação. Poderá também fazer isto quando não consegue dormir ou quando acorda demasiado cedo e a sua cabeça começa a trabalhar imediatamente.

Lembre-se de que o trabalho que estamos a fazer juntas é um processo e é importante refletir sobre os trabalhos de casa e identificar formas de se relacionar com o material e que demonstram que se incomoda a si mesma devido a crenças e pensamentos.

Querida e Bela Alma

À medida que fomos avançando com o exercício dos valores, conseguiu reparar se vive, ou não, de acordo com os mesmos. Caso negativo, tem duas escolhas: esquecer esse valor e substituí-lo por outro, ou mudar os seus comportamentos e começar a viver de acordo com os seus valores.

Recomendaria passar mais algum tempo a contemplar sobre o exercício dos valores e a identificar os principais. Assim, poderá estabelecer objetivos de acordo com, pelo menos, os seus três valores principais. Pode ser que, ao passar mais tempo focada no que mais valoriza, poderá aumentar a probabilidade de viver uma vida inspiradora, significativa e repleta.

Falou sobre o facto de valorizar e disfrutar de usar a sua imaginação, o que é ótimo, pois tudo começa na nossa mente. Assim que começarmos a imaginar algo, mais fácil se torna alcançá-lo na realidade.

Do que me lembro (pode verificar para confirmar os factos), Walt Disney tinha duas cadeiras, uma da imaginação e outra de "como executar". Ao sentar-se na sua cadeira da imaginação, começou a imaginar a Disney Land e a trabalhar em direção à mesma. Aparentemente, ele morreu dois anos antes do projeto estar concluído, e quando este foi finalmente inaugurado, alguém disse:

"Gostava que o Walt estivesse aqui para ver como tudo ficou", enquanto isso, outra pessoa disse "O

Walt sabe exatamente como isto ficou, pois foi ele que imaginou tudo."

As nossas mentes são muito poderosas, e apesar de usarmos apenas uma pequena percentagem da nossa mente consciente, o nosso subconsciente não tem limites, o que inclui a nossa imaginação, e ao fazer isso, podemos depois passar a informação à nossa mente consciente e ir até muito longe.

Como conversamos na sessão passada, as 24 horas que temos por dia não irão mudar e, por isso, é importante fazermos as coisas com base nos nossos maiores valores ☺

Relativamente ao uso das ferramentas, se pensarmos em termos de "a história que conto a mim mesmo...", "a forma como me vejo..." por si só, isto apenas nos leva a estar mais conscientes de que, de facto, tudo se trata da nossa interpretação, mas também há espaço para a outra pessoa discutir, partilhar os seus motivos e razões sobre o que aconteceu. É muito sortuda por ter um parceiro muito aberto a melhorias, e apesar de você se focar mais nisso ao escolher grandeza em prol de mediocridade, ele coopera, o que é ótimo. Como se questionou: "Porque é que os outros não se focam nisso?", isto deve-se ao facto de as pessoas não verem a importância de terem uma base forte.

Pode ainda estar relacionado com o facto de não pertencer ao sistema de valor destas pessoas, daí não estarem conscientes.

A imaginação é tão poderosa que quando lhe pedi para jogar com a hipótese de simplesmente "parar de se esforçar", você imaginou imediatamente essa situação, conseguiu sentir como seria e não gostou do sentimento, então sabia que não era essa a resposta. Para qualquer outra pessoa, poderia ser o cenário de testar e ver o que acontece, o que não aconteceu consigo, pois conseguiu imediatamente imaginar o sentimento.

O que mais se destaca para mim – e que reparei ter sido o grande fator de muitos problemas nas minhas relações, românticas ou não, – é o conceito de distorção: a nossa tentativa de fazer sentido do mundo. Atribuímos significados a acontecimentos com base em mapas existentes. "Preconceito cognitivo que distorce a nossa visão do mundo" – o mapa NÃO é o território. Adoramos assumir coisas e tal se aplica também nas sessões de terapia, daí a importância de eu repetir a minha compreensão das coisas e confirmar a sua veracidade. O meu professor disse uma vez: "Se achar que sabe a resposta, faça mais 10 perguntas."

No seu caso, pode identificar o conceito de "Ilusão do Controlo", que se trata da crença de que conseguimos controlar ou influenciar resultados, mesmo quando não conseguimos. Talvez seja por isso que se sente mais confiante no trabalho, já que possui um grande nível de influência sobre o resultado. No que toca a outras áreas, pode ser difícil (tal como para pessoas que sejam muito saudáveis, isso não significa que possam ficar doentes) e como disse, a ideia não seria parar de trabalhar em dadas coisas para alcançar objetivos, mas sim para simplesmente aceitar que, muitas vezes, independentemente do nosso esforço, não determinamos certos resultados.

Querida e Bela Alma

Estou feliz por ter decidido trabalhar nos seus problemas de raiva. Note que este foi um passo muito admirável e vai ver que fará uma diferença gigante na sua vida e nas suas relações assim que conseguir compreender a perceção das coisas para minimizar o comportamento impulsivo.

Relativamente ao exemplo que me apresentou acerca dos seus amigos, é compreensível e expectável que se sinta da forma como se sentiu porque a realidade é que eles passaram das marcas. Assim, não acho que devamos completamente remover a emoção "raiva", sendo que essa é uma reação natural de um ser humano. Além disso, não existem sentimentos errados. A coisa mais importante é a forma como respondemos à situação e certificarmo-nos de que sentimos uma raiva saudável – irei explicar a diferença durante o nosso próximo encontro.

Mencionámos dois pontos que lhe pedi para colocar em prática a partir de hoje. Quando o voltar a ver na próxima semana, irei pedir-lhe para me dar 2 exemplos em que os aplicou, bem como o resultado:

1. Empatia. Coloque-se no lugar da outra pessoa e certifique-se de que compreende o ponto de vista e comportamento do outro. Reconheça que entende o lado da outra pessoa e comece a repetir o que ele/a diz por palavras diferentes. Repita frases como: "se eu estivesse na tua posição,

também acharia que..." Depois disso, poderá partilhar o seu ponto de vista. Note que a comunicação não serve para provar se alguma das partes está certa ou errada, mas sim para compreender cada uma, e se sentir de necessidade, faça sugestões.

2. Interpretação/Distorção: certifique-se de que não faz julgamentos com base na história que está a contar a si mesmo, em vez disso, tente entender a história em vez de perguntar. Por outras palavras, não assuma que a sua hipótese é um facto. Não faça suposições.

3. Esteja Consciente do Estímulo: o que estimulou o sentimento de raiva? Há sempre um estímulo, portanto, por favor, esteja consciente de si mesmo e procure identificar o que aconteceu para depois partilhar comigo na nossa próxima sessão.

4. Generalizações: Por exemplo, "as pessoas no restaurante estavam a rir-se da rapariga porque ela é Asiática e os Ingleses não gostam de imigrantes" – de onde tirou esta conclusão? Será que TODAS as pessoas em Inglaterra não gostam de Asiáticos? Até mesmo a Rainha? Onde estão as provas? Lembre-se de que essa é a história que diz a si mesmo mas, na verdade, não tem provas para o confirmar.

5. Preconceito de Confirmação: quando tem certas crenças como "as pessoas no restaurante estavam

a rir-se da rapariga porque ela é Asiática e os Ingleses não gostam de imigrantes", o seu cérebro procura provas que confirmem esta ideia e, assim, interpreta uma situação como a confirmação da sua crença.

Os nossos cérebros são máquinas e escolhemos a forma como os programamos. Certifique-se de que faz escolhas que irão beneficiá-lo e ajudá-lo a viver uma vida mais feliz.

Querida e Bela Alma

Neste cenário específico, parece que o seu objetivo mais importante é reduzir o sentimento de ansiedade para que possa disfrutar da sua viagem para a Nova Zelândia. Parece justo. O uso da hipnose para conseguir entrar no avião apresenta ótimos benefícios, no entanto, creio que seja melhor enfrentar as questões que o levam a sentir a ansiedade que tende a sentir.

No meu caso, já fui hipnotizada muitas vezes e sempre consegui enfrentar os pensamentos não saudáveis que levavam a emoções e comportamentos inúteis. Tinha um medo ENORME de andar de avião, mas ao mesmo tempo adorava viajar. Também costumava sentir muita ansiedade na noite antes do voo e era muito desagradável. Como sabemos, estar exausto, bem como todo o entretenimento presente no avião, ajudam a situação já que é muito difícil ter de lidar com a ansiedade durante muito tempo. De qualquer forma, usei a hipnose para o sentimento ir embora e agora está definitivamente longe de mim, e curiosamente, aprendi a gostar de andar de avião. O meu filho também contribuiu para esta mudança, já que quando viajava com ele, ele estava sempre muito entusiasmado com a experiência, o que me surpreendia e me fazia olhar para as coisas de forma diferente. NÃO é o acontecimento (estar num avião) que causa os sentimentos de ansiedade, mas sim a minha PERCEÇÃO da situação. Era eu que causava todas as minhas emoções negativas.

Hoje em dia, gosto de levantar voo, de olhar para baixo através da janela, das nuvens, de olhar para o céu, de me poder distrair e desligar durante umas horas e de estar num ambiente em que não tenho de fazer nada. Como pode ver, as razões para a minha fobia eram mais relacionadas com a segurança, mais concretamente com um medo extremo da morte e de interpretar a turbulência como uma ameaça. Assim que aprendi que as turbulências não eram nada mais do que mudanças de ventos em vez de "algo de errado", a minha perspetiva mudou. Com o tempo, o meu cérebro deixou de associar a turbulência a uma ameaça: Condição Clássica. Então, além do trabalho que fiz, que também incluiu identificar os estímulos, substituí os pensamentos não saudáveis que me ocorriam e resultavam em ansiedade. Os pensamentos adicionais que eram uma interpretação da minha ansiedade aumentavam ainda mais o sentimento (meta-emoções — sentimento de ansiedade devido ao sentimento de ansiedade — a emoção duplica), e juntamente com a consciência dos altos níveis de segurança nos avisões, a minha perspetiva sobre a situação mudou para melhor. Além disso, tive de enfrentar ainda o medo da morte, que era muito intenso, e neste aspeto, Alan Watts é completamente responsável por reduzir este medo e ajudar-me a aceitá-lo como um processo natural. Para o medo de andar de avião, usei a Terapia Comportamental Cognitiva e a Hipnoterapia. Para enfrentar o medo da morte, passei muito tempo a aprender as lições de Alan

Watts, de mestres Budistas, conhecimento religioso e Sadhguru.

Cheguei a explicar-lhe o modelo do distúrbio emocional, segundo o qual você se incomoda com o conjunto de crenças que possui relativamente a muitos aspetos da vida. E quando menciono crenças, refiro-me a:

- **Exigências** – "devo" e "tenho de" em vez de preferências.

- **Awfulizing** (piorar tudo) – avaliar uma situação como 100% má, por exemplo, "Se entrar no avião e tiver um ataque de pânico, **será o fim do mundo**". Uma versão mais saudável deste pensamento seria algo como "não gosto de estar em aviões por longos períodos de tempo nem da probabilidade de ter um ataque de pânico aqui. Mas se isso acontecer, não será o fim do mundo. Irei lidar com a situação tal como mostrei ter capacidade para o fazer no passado. É algo desagradável, mas tenho muita sorte por a ansiedade ou ataques de pânico NÃO SEREM PERIGOSOS de nenhuma forma. Se o meu coração começar a bater muito rápido, se sentir aquele aperto no peito, sei que essas sensações irão desaparecer rapidamente. De facto, só preciso de não alimentar o sentimento, de não prestar demasiada atenção, de respirar fundo e distrair-me, pois rapidamente as más sensações desaparecerão."

- **Baixa tolerância de frustração** e mudar para uma alta tolerância de frustração. "Não consigo aguentar o facto de poder ter um ataque de pânico no avião" – a parte saudável seria algo como: "É desagradável mas sei que consigo aguentar, não é o fim do mundo."

- Autorrepressão: avaliar-se com base numa única experiência ou incidente. "O meu discurso não foi brilhante durante a minha apresentação e, por isso, sou um fracasso." Versão saudável: "não fiz o melhor discurso durante a minha apresentação, gostava de ter feito algo melhor, mas não tem mal, irei aprender com os erros que fiz e para a próxima corre melhor. Além disso, sou humano, por isso estou condenado a cometer erros e mereço amor incondicional. NÃO POSSO fugir dos erros, irei fazer muitos mais no futuro e estes serão absolutamente necessários para eu ter a oportunidade de crescer e de me tornar mais sábio."

Já alguma vez conheceu algum orador motivacional ou uma pessoa bem-sucedida que não tenha cometido erros muitas vezes? Ouvimos falar deles a toda a hora. Até o livro do Harry Potter foi rejeitado por várias editoras– e agora olhe para o sucesso dessa saga.

Muitas pessoas gostam de me chamar sortuda porque tenho a minha própria prática e por estar a ter sucesso com pouco ou quase nenhum marketing, além disso, tenho novos clientes todas as semanas que foram recomendamos por outros clientes já existentes. Dizem que sou sortuda por ter escrito um livro... esquecem-se de todas as dificuldades pelas quais passei, a quantidade de sacrifícios que tive de fazer ao longo dos anos, a quantidade de estudo, o que também incluiu ir para Londres e ficar longe do meu filho durante quase um ano. Eles não fazem ideia de que sonhei com isto durante toda a minha vida e que fui rejeitada em muitos locais de emprego. Demorei LITERALMENTE 12 anos a chegar onde estou hoje – a viver finalmente o meu sonho. Mas não estava preparada para desistir apesar das rejeições ilimitadas. Além disso, também deixei o meu trabalho e comecei do zero – portanto, não houve aqui sorte nenhuma. Simplesmente, sabia o que queria e estava disposta a pagar o preço por isso. Daí a importância de se questionar:

O que é que quero?

Imagine se eu tivesse desistido de tudo após os fracassos e rejeições.

Gostaria de relembrar que as recomendações de trabalho de casa são muito importantes para poder levar o processo suavemente e mais eficientemente para que os resultados sejam também mais rápidos.

A TCC é muito, muito poderosa se aprender a aplicá-la. Além disso, Alan Watts foi o principal filósofo que contribuiu para a força que tenho desenvolvido ao longo dos anos. Irei explicar isto com mais detalhe pessoalmente.

No meu livro "A Caminho da Iluminação", abordei todos esses conceitos de forma valiosa e fácil de ler e recebo regularmente mensagens de pessoas a agradecer-me, pois quando se sentem nervosas, as minhas palavras ajudam a acalmá-las e as pessoas também tendem a relacionar-se com a minha jornada. Na noite passada, recebi uma mensagem de alguém a dizer que eu era a sua companhia de viagem. Se quiser uma explicação holística sobre tudo – definitivamente recomendaria.

Falou sobre sentir-se vulnerável e eu recomendaria vivamente a não gastar as suas emoções ou pensamentos neste aspeto específico. Este é o meu trabalho e adoro-o. Respeito todos os que são fortes o suficiente para se abrirem, partilharem as suas batalhas e lutarem para alcançar o seu objetivo de autodesenvolvimento.

A pessoa com quem está a falar agora não é a "Sharlene", mas sim "A Melhor Terapeuta" – dois papéis e comportamentos diferentes e fico feliz por também ter conseguido gerir e separar ambas as coisas.

Querida e Bela Alma

Existe algo chamado propósito, paixão, algo que nos motiva a viver e a sentir felicidade... e está literalmente disponível para todos nós. Acho que muitas pessoas estão constantemente a manter-se ocupadas com o objetivo consciente de não quererem estar sós.

De que fogem elas?

O que há de tão errado em ficarmos sós com os nossos pensamentos?

Lembre-se: nós não somos os nossos pensamentos. Além disso, é importante não dar demasiada credibilidade a todos os pensamentos que emergem na nossa mente. Quanto mais credibilidade dermos a pensamentos irracionais, mais stressados ficamos, o que influencia diretamente o nosso comportamento.

Existem inúmeros métodos de meditação e aquele com que mais me identifico é observar os meus pensamentos e sentimentos sem pressas ou sem tentar controlá-los – mas simplesmente observá-los.

Com isto, aprendo a fazer a separação entre mim mesma e a minha versão observadora.

Uma das causas principais dos distúrbios emocionais são os pensamentos não saudáveis, aos quais damos credibilidade e interpretamo-los como a verdade.

Quando aprendemos a ler os nossos pensamentos, conseguimos identificar SPAM (pensamentos negativos e não saudáveis que nos sabotam), e a minimizá-los e substituí-los com pensamentos construtivos. Assim que identificar o SPAM, está livre para escolher se quer alimentar o pensamento.

Já que vivemos com nós mesmos, o ideal é aprender sobre nós e sobre o que gostamos. Contudo, a maioria das pessoas não consegue responder a esta simples questão:

"O que faria se o dinheiro não existisse?"

Se não conseguir responder a esta questão, pense no seguinte cenário: é como se estivesse a pedir direções a alguém e a pessoa perguntasse:

- Para onde vai?

E você responde:

- Não tenho a certeza!
- Bem, se for esse o caso, então qualquer caminho o leva até lá.

Querida e Bela Alma

Vale a pena seguir o seu coração?

Já tirei algum tempo para observar a quantidade de pessoas que conheci e que são apaixonadas pelo que fazem na vida. Infelizmente, são muito poucas. Normalmente, as pessoas estão mais motivadas pela estabilidade de um salário e algumas vão de encontro ao estatuto que acham ser importante, ignorando completamente as suas competências naturais, paixão e sonhos. Curiosamente, elas colocam tudo isso de lado e dizem "Eu faço isso mais tarde" – como se tivessem todo o tempo do mundo, deixando o que realmente querem para o querido futuro que nunca chega.

O nosso trabalho absorve uma grande e significativa parte da nossa vida. Passamos mais tempo a trabalhar do que a fazer qualquer outra coisa e pergunto-me acerca de quantas pessoas estão deprimidas!

Algumas pessoas vêm diariamente ter comigo e pedem-me orientação para as ajudar a seguir as suas paixões, mas não estão prontas para pagar o preço de sair da zona de conforto e de enfrentar o desconhecido. Querem fazer tudo da forma mais rápida e fácil. Querem ter uma sensação de segurança e uma garantia de que não haverá fracassos ao longo do processo. Bem, essa mentalidade é o maior bloqueio que elas podem ter.

Porquê? Porque uma das grandes características de um empreendedor é a capacidade de assumir riscos calculados e de estarem conscientes quanto ao aparecimento de fracassos no processo. Não estou a dizer que talvez aconteça, estou a dizer que vai acontecer. Não se trata de "Darei o meu melhor para não falhar e não entrar em pânico", mas sim de estar consciente das falhas que são inevitáveis e, por isso, devem ser aceites simplesmente porque é através destas que crescemos, aprendemos e obtemos sucesso.

Por outro lado, se realmente gostar do que faz, vai naturalmente focar-se nisso, tornar-se melhor e, consequentemente, receber bem.

Existe mercado para as minhas competências? As coisas que lhe interessam também interessam a outras pessoas, por isso não se preocupe demasiado.

Não vou iludi-lo, assumir riscos é definitivamente algo difícil, assustador e pode ser perigoso, mas não é tão mau como seria chegar ao fim da vida e questionar:

- E se eu o tivesse feito?

Querida e Bela Alma

Parece que o seu objetivo mais importante é reduzir os sentimentos de ansiedade, diminuir a dor e os pensamentos recorrentes e pouco saudáveis que estão a interferir com o seu bem-estar físico e mental! A importância de abordar estas emoções assenta essencialmente no facto de estarem a interferir com outras atividades, tal como quando não disfrutou do seu safari devido ao medo de ter um ataque de pânico. Além disso, mencionou que a ansiedade ou frustração se revelam, infelizmente, através de efeitos negativos no seu humor, o que pode afetar a sua relação com as pessoas ao seu redor.

Na nossa próxima sessão, irei focar-me em ensinar-lhe coisas novas e partilhar ideias e ferramentas. Certamente, irá achar tudo isto muito útil e verá o quão fácil é usar o seu cérebro de forma inteligente para sua própria vantagem, em vez de se sabotar a si mesma.

Note que eu também sou uma coach com licença e, por isso, se gostar de algumas indicações para desenvolver certos objetivos e de se conscientizar quanto aos seus valores e prioridades, irá verificar que passará a viver uma vida mais completa e com significado.

Você é muito bonita, inteligente, articulada, única e aventureira e prometo que não tem razão para sentir que não é suficiente. VOCÊ É! Além disso, boa o suficiente para o quê? Quem é bom o suficiente? Qual é a escala que usa para medir isto?

Uma das coisas mais valiosas que aprendi nos últimos anos é que sou única e ótima. Não é justo comparar-me com alguém porque somos diferentes pessoas com diferentes paixões, valores, experiências e objetivos. Se, por alguma razão, começar a imitar outros praticantes de saúde mental, irei perder a minha essência e autenticidade como pessoa e terapeuta. A minha experiência na vida, os meus valores e abordagens fazem de mim um ser único e especial. E isto também se aplica a si. Percebi que o amor próprio é muito importante!

Mencionou ainda o desejo de avaliar se está no caminho ideal no momento, a nível de carreira, por isso podemos também olhar para esse aspeto. Tenho muito interesse em descobrir as paixões dos outros porque a partir do momento em que decidi seguir o que gosto, nunca mais voltei a trabalhar na minha vida! Porque amo o que faço... e quando tal acontece, o sucesso chega naturalmente, não há mais necessidade em alcançar algo. Os dias tornam-se mais brilhantes, completos, interessantes e não tenho mais de odiar as segundas-feiras desde que saí do mundo corporativo e fui para Londres seguir a minha paixão. Assim, gostava também de explorar tudo isto consigo.

Querida e Bela Alma

Expliquei-lhe a Roda da Vida. Na internet, existe uma ferramenta que pode usar para pontuar em cada área da sua vida e irá automaticamente obter uma imagem onde parece que está a viver o momento em todas as áreas. Poderá depois descarregar o PDF e colocá-lo de lado.

Depois disso, sugeria passar algum tempo com a sua imaginação e pensar, sem limites, na mulher que pretende ser. Pode passar algum tempo a sonhar acordada e assim que se sentir preparada, pode escrever num papel todas as coisas que lhe vêm à mente, independentemente do que forem. Uma ou duas palavras por folha é suficiente.

Assim que estiver feliz, pode organizar as palavras em três grupos e deve separá-las de acordo com os critérios que acha que fazem mais sentido. Depois disso, pode organizar os grupos por ordem de importância da esquerda para a direita. De seguida, organize as notas de cada grupo de acordo com a importância de cima para baixo. Analise tudo e contemple os seus sonhos. Provavelmente, irá chegar a conclusões que já conhecia, mas este método pode ajudar a ganhar claridade e a definir objetivos.

Por último, pode prosseguir para o exercício dos Valores e dos Objetivos, através do qual consegue explorar como seria sentir-se repleta em cada área da sua vida. Lembre-se do que mencionei: se não for uma área que valoriza tanto, não precisa de passar muito tempo sobre a mesma. Foque-se nas áreas realmente valiosas e que irão contribuir para disfrutar de uma vida mais completa e feliz. Quais são as condições que acharia ideais no presente e que lhe permitiriam sentir mais preenchida nas áreas que valoriza?

Note que estes exercícios não têm uma resposta certa ou errada. Apenas siga o seu instinto e o que acha que seria valioso para si, ou seja, pode adaptar-se à medida que o tempo passa, já que o seu maior propósito é a sua experiência e clareza.

Espero que disfrute. Espero voltar a vê-la e ouvir o seu feedback para que possamos mover em direção aos seguintes passos.

Adoro estes processos de autodescoberta e de estar em contacto com nós mesmos, pois trata-se de um belo processo que traz sentimentos ótimos. A única coisa que não nos falta são as ferramentas para a ajudar no processo.

NB: Expliquei que a melhor maneira de se livrar de crenças negativas prejudiciais é através de perguntas de disputa. Agora aprendeu a identificar a crença negativa não saudável que leva à emoção negativa não saudável: Ansiedade. A emoção negativa saudável seria: Preocupação - pois esta permite que você tenha comportamentos relevantes de acordo com as tarefas a desempenhar, em oposição à ansiedade que a leva a bloqueios e afeta o seu desempenho.

Em anexo, pode encontrar as questões em disputa que pode usar para remover crenças não saudáveis. Normalmente, não existem muitas crenças não saudáveis e, uma vez que você consegue identificar, contestar e estabelecer novas crenças, as coisas começam a encaixar-se e brevemente o seu cérebro também o fará automaticamente - devido à prática.

Querida e Bela Alma

Estava a pensar na conversa que tivemos, e de forma a ter uma ideia quanto ao plano de tratamento, pensei que seria importante partilhar algum conhecimento na área da psicologia, pois acredito que seja benéfico.

1. Estudos científicos recentes provam que o uso de marijuana, infelizmente, tem um grande potencial de causar esquizofrenia, especialmente se alguém já tiver tendência para tal. A canábis propriamente dita já causa estes sintomas de paranoia, audição de vozes e momentos psicóticos. Então, quando a substância é consumida por alguém com tendência a desenvolver psicose, a esquizofrenia desenvolve-se rapidamente. Um fator muito importante na psicologia é que é muito difícil de compreender precisamente o que leva ao retorno da psicose. Normalmente, trata-se de premissas e de uma combinação de fatores.

No entanto, no caso da esquizofrenia, especialistas afirmam que a marijuana realmente assume grande responsabilidade. Contudo, se parar cedo poderá reverter o cenário. Outro fator que me veio à mente é a tendência de as pessoas defenderem muito a marijuana. Mas o que acontece é que o óleo de canábis provou dar-se bem em muitas condições, mas sem o THC (o componente que faz uma pessoa ficar drogada), e o que geralmente é vendido para fumar possui doses exageradas de THC. No entanto, no caso da esquizofrenia, também não é aconselhável usar óleo de canábis, apesar de alguns dos seus benefícios para outras doenças. E apenas para acrescentar – infelizmente, o álcool também é mau para a doença, mas não tão mau quanto a canábis.

Acho importante realçar que tendemos a pensar que o oposto do vício de drogas é a abstinência. É aqui que assenta o grande erro. De facto, o oposto da abstinência é a conexão. Assim, é muito importante que haja uma mudança de hábitos diários, atividades, amizades, família, trabalho, paixões, etc. Quando se sente conectado e como se fizesse parte de um grupo (note que todos precisamos do sentimento de pertencer a algum lado), quando se sente amado e encontra o significado da vida, a tendência para tomar drogas diminui significativamente.

Muitos consomem as substâncias para evitar lidar com a realidade e com os vazios que possuem, tanto que quando mencionam algo como "estamos drogados, não precisamos de nada nem de ninguém", é mais fácil não ter de lutar por uma vida com significado, pois o método de escape é mais fácil. Infelizmente, ser mais fácil não significa mais benéfico.

Note que a Terapia Comportamental, a que eu sigo e a mais bem-sucedida em casos comportamentais, explica o condicionamento operante e condições clássicas (não sei se já ouviu falar). De Pavlov, quem fez experiências com cães? Eles tocavam numa campainha e imediatamente colocavam a comida para os cães ... depois de um tempo, independentemente de lhes darem comida ou não, os cães salivavam imediatamente quando ouviam a campainha tocar. Isso serve para explicar a associação e resposta imediata do cérebro. Ajudaria explorar que tipo de associação ele faz que leva à recaída a fim de revertê-la, pois esta torna-se automática. Por exemplo, se o cérebro combinar pintura com canábis, ao decidir pintar, o cérebro tocará na tecla que precisa da substância.

O outro fator que influencia muito as mudanças de comportamento são as recompensas e castigos. A partir do momento em que existem consequências desagradáveis para certos comportamentos, o cérebro irá tentar automaticamente evitá-las porque irá associá-las a castigos.

Se a pessoa tiver um comportamento plausível e se estiver sempre a ser recompensada, o cérebro irá automaticamente encorajar este comportamento simplesmente porque ele adora elogios e presentes. Assim, os incentivos sobrepõem-se aos castigos. Desta forma, ao focar-se mais nas avaliações, acaba por encorajar um certo comportamento e está a lutar pela mudança, em vez de se focar no castigo e em cortar um comportamento indesejado sem incentivar outras coisas.

Digo isto para sugerir o seguinte: quando falamos com alguém que sofre com um vício, por exemplo, se dissermos: "não deves fumar nunca mais", estamos, na verdade, a dizer ao cérebro para fumar. Este interpreta o "Nunca Mais" como "Quero mais do que nunca". Portanto, isso não é ideal. Seria melhor fazer o seguinte:

1) Puxar o indivíduo para os seus sonhos, e à medida que ele estabelece os seus objetivos, pode facilmente ver que para alcançá-los, precisa de fazer certos ajustes na sua vida e um deles é ficar sóbrio.

2) Nunca o intimide ou desmotive. É por isso que nos AA dizemos "um dia de cada vez", para que nos possamos focar no presente. Mas, novamente, quanto mais lutarmos contra algo, mais o problema se intensifica, portanto o foco e energia não serão mais usados para cortar o que não quer. Foque a sua energia no que realmente quer e quando estiver a criar objetivos, é importante dividi-los em fases. Assim, sempre que ele alcançar um objetivo, por mais pequeno que seja, recebe uma recompensa. Quando temos tudo planeado em torno de desenvolver autoestima, iremos permitir que ele seja mais confiante, o que resultará no seu crescimento. As recompensas têm a mesma função.

Querida e Bela Alma

Obrigada pelo seu email, no qual indica que procura terapia para o seu ente querido. Tendo em conta a idade dela, recomendo que assim que estiver preparada, e SE estiver preparada, que me contacte diretamente e iremos agendar algo.

Com base na minha experiência, este é o método mais ideal e eficaz. Se for algo que ela quer fazer, poderá contactar-me, se não o quiser, não o fará. Mas se ela quiser avançar nessa direção, irá certamente tornar-se uma cliente ideal com grande probabilidade de alcançar uma elevada taxa de sucesso num curto período de tempo; por outro lado, se ela vier por outras razões que não sejam a sua certeza e própria vontade, juntamente com a falta de entrega para resolver a situação, não iremos chegar a lado nenhum. A terapia é um compromisso, especialmente a TCC, já que envolve trabalhos de casa entre sessões, o que é um requerimento necessário para ótimos resultados. Recomendo que a cliente esteja preparada a nível da TCC, e quando esse momento chegar, ficará surpreendida com os ótimos resultados duradouros. Não há pressa nenhuma para começar o processo.

Lembre-se: quando o estudante estiver preparado, o professor aparece.

Consigo entender a frustração que sente quando quer ajudar alguém e experimentar as soluções disponíveis, mas se a outra pessoa não estiver preparada, infelizmente teremos de respeitar o seu tempo.

Entretanto, não há nada mais precioso que o conhecimento, independentemente da situação em que estamos - isso inclui a depressão. Não olho para a depressão como algo mau, pois vejo-a como necessária e valiosa, já que esta existe para nos dizer que algo não está certo ou que pode ser altura de avaliar as coisas e mudar. Durante todo o processo, a pessoa pode não ter o desejo de sair e só querer hibernar - também é perfeitamente adequado e ideal. Quando tivermos as baterias recarregadas, levantamo-nos e continuamos com a vida. Mais uma vez, o único segredo está em fazê-lo com sabedoria, procurando conhecimento por toda a parte, melhorando a qualidade dos nossos pensamentos e ... Viva!

Querida e Bela Alma

Tivemos um debate muito interessante e construtivo acerca de relações, e achei que seria melhor adicionar algumas ideias.

O marido perfeito, o genro perfeito e o amante perfeito não existem e, se parecer que sim, precisamos de nos preocupar - repito, não existem. E, portanto, isto mostra apenas que ele está constantemente a interpretar um personagem - ele é um ator. Somos todos atores em grande medida, mas o tipo normal de ator é aquele que simplesmente se adapta a cada circunstância, o que significa que ele se comporta de maneira diferente em diferentes cenários, como perto de um amigo, amante, chefe, funcionário, cada membro da família e assim por diante, mas sem nunca perder a sua essência nem mentir sobre nada no processo - dois cenários muito distintos e com diferenças significativas. O caso em questão não parece encaixar-se nessa categoria - ele parece encarnar completamente um papel diferente, o que lhe dá a perceção de que ele está a viver uma vida dupla.

Note que, apesar de parecer que ele estava a mostrar-lhe mais a sua essência, tal não é uma indicação clara de que ele realmente o estava a fazer. Se ele sabe representar em frente aos outros, também o pode fazer consigo. Além disso, se de alguma forma o relacionamento conjugal não der certo e você assumir esse cargo, fica claro o que isso implica - mentiras - considerando que já temos a descrição do cargo para essa posição com base na observação, infinitas evidências e factos.

Acredito firmemente que ele demonstra significativas características narcisísticas e sociopáticas. Estas doenças não são uma piada, pois podem causar muitos danos às pessoas próximas e, em muitos casos, estas demoram muito a recuperar. Não sou muito fã desta situação, pois não podemos permitir que uma má experiência arruíne o nosso presente e futuro ou que nos tire a felicidade para futuras e valiosas experiências. O tempo é limitado e precioso para todos nós. Nunca mais o voltaremos a recuperar e também não gosto de continuar a permitir que as pessoas tenham poder sobre a nossa própria felicidade, já que a dor do passado é mais que suficiente. A analogia que posso usar aqui é:

Você tem um total de 1 milhão de dólares na sua conta. Sem o seu conhecimento, alguém tem invadido e roubado a sua conta regularmente em pequenas quantias diárias e, dois anos depois, você descobre que lhe roubaram 200 mil. O que faria depois? Iria dar os 800 mil restantes ou iria importar-se com os 800 mil restantes e não voltar a enganar-se? - Por favor, tente refletir sobre isso e, em vez de dinheiro, substitua-o com o tempo. É isto que as pessoas fazem constantemente — permitir que as experiências do passado atrapalhem o seu bem-estar atual e que bloqueiem outras experiências positivas que poderiam vir a acontecer.

Tem de perceber que estas personalidades não são invejosas, mas as relações que possuem não são normalmente baseadas na emoção pura. Os seus interesses pessoais e possíveis ganhos desempenham um papel muito importante na escolha dos seus parceiros e relações. Isto também não significa que eles sejam monstros – mas são maquiavélicos. Esta característica é muito semelhante à falta de empatia, o que leva estas pessoas a não se importarem com nada ou ninguém a dadas alturas, e é verdade – estas pessoas não sentem ou choram como pessoas normais o fariam.

Esses indivíduos são muito inteligentes e estratégicos. Eles entendem claramente que, para obter o que recebem, também precisam de dar e de motivar os outros a dar. Mas a natureza do que eles dão não pesa. E, como mencionei no meu artigo, não precisa de ser necessariamente o dinheiro que os alimenta, também pode ser o status, admiração - coisas que eles valorizam muito. O 'Sociopath World' também faz parte do meu livro e aborda outros aspetos que estão disponíveis na cópia impressa e na versão Kindle: "A Caminho da Iluminação: Uma Maneira Filosófica de Ver as Coisas".

Não existe nada como encontrar a nossa alma gémea nas primeiras semanas - combinação perfeita, tudo perfeito, amor perfeito - que também não existe. Com base nas minhas observações de pessoas que tendem a ficar com Narcisistas, descobri que algumas gostam muito do Love Bombing porque dá adrenalina. Quando está com um vigarista, ele estuda-a bem, ouve os seus interesses, sabe o que valoriza, quais são as suas fraquezas e torna-se exatamente isso. No entanto, ele não pode manter a aparência por muito tempo. Assim, eventualmente, as máscaras caem e você acorda.

O problema é que não há cura para a Sociopatia. Além disso, se alguém for um mentiroso compulsivo, na minha opinião, tal característica trata-se de uma doença séria, já que esses valores são uma prioridade para mim e não abdico deles por ninguém. E sabe que mais? Não é o nosso trabalho consertar os problemas dos nossos parceiros. Estas são mudanças que devem originar do interior de cada um. Não podemos salvar ninguém, cada pessoa precisa de se salvar a si mesma – o crescimento pode acontecer, mas não deve ser forçado. O que dizemos em Penologia (Criminologia) é que a sentença se deve encaixar no crime e, para mim, este é um crime sério.

Aprendi que os relacionamentos sólidos e saudáveis levam tempo para serem construídos. E é importante entender - o que é que alguém procura exatamente numa pessoa? Estar ciente disto permitirá ganhar mais controlo sobre quem entra nas nossas vidas.

Descobri que é importante que alguém a) saiba o que quer, b) não se divirta ou perca tempo com alguém que não tenha os valores que considera de alta importância, pois enquanto passarmos um tempo com uma correspondência (pessoa) inadequada, as nossas portas estão completamente fechadas para uma correspondência adequada, o que não é exatamente ideal.

Por achar o fim de um relacionamento um processo difícil de ultrapassar, não acredito que isto esteja diretamente relacionado com amar o parceiro. Se for muito honesta: o cérebro, o corpo, os pensamentos, as emoções de alguém foram usadas para conectar as coisas com o parceiro - como uma droga. Muitas pessoas reconhecem que certos medicamentos não são bons para elas e querem parar, mas expressam isso de forma assertiva até o corpo começar a desejar. Quando isso acontece, o desejo de desistir enfraquece e tem duas opções:

1) Passar pelo desconforto de querer uma droga sem fazer nada a esse respeito e sabendo que, se passar por esse período, o corpo também se adaptará e, eventualmente, desaparecerá.

2) 2 – Recair e evitar o desconforto.

Por outras palavras, acho que os sentimentos de dor estão diretamente relacionados com um hábito, simplesmente porque estes são bastante desafiadores, mas podem ser realizados com sucesso. Então, tudo isso está relacionado com o significado que damos ao que quer que seja. Lembre-se, os símbolos recebem significado das pessoas. Sem isso, qualquer símbolo não tem sentido.

Acredito que irá disfrutar do processo – eu adoro-o e a TCC é ótima e muda as vidas das pessoas. Assim que aprender a lidar com esta terapia, poderá aplicá-la continuamente em todas as áreas da sua vida.

Por último, aqui fica um novo trabalho de casa:

1) Poderia tirar algum tempo para pensar nos seus valores mais fortes (desde família, a trabalho, relações, scuba diving... qualquer coisa)?

2) O que procura num parceiro?

3) Quais são as características que estaria disposta a sacrificar em nome do amor e quais não estaria?

CAPÍTULO 2

Sobre Relações...

Acabei de ouvir um dos discursos mais perspicazes de todos os tempos e recentemente chegara a essas conclusões também. Quando conhecemos alguém e começamos a ficar apaixonados, automaticamente ficamos cegos e irracionais; portanto, torna-se um pouco difícil julgar comportamentos nessa mesma fase. Muitas pessoas têm a tendência de guardá-lo para si e não partilhar informações sobre o novo relacionamento com os seus entes queridos, o que mais tarde leva a problemas. Por outro lado, há quem apresente a nova paixão aos entes queridos durante a fase de lua de mel e quando estes veem bandeiras vermelhas, nós tendemos a ignorá-las ou a defender a pessoa dizendo coisas como: ele é diferente quando estamos sozinhos.

A partir do momento em que nos afastamos dos nossos entes queridos quando encontramos alguém, somos avisados, isolamo-nos e encontramos desculpas constantemente - essa será a bandeira vermelha número um! Curiosamente, 1) Tornamo-nos irracionais e incapazes de tomar decisões ou avaliações racionais; 2) Sob esse efeito, voltamo-nos contra os entes queridos e de alguma forma tendemos a acreditar que eles não desejam a nossa felicidade - Essa é a forma mais ridícula de pensar; 3) Na maioria das vezes, os nossos entes queridos estavam corretos e sentimo-nos estúpidos mais tarde. Sim, em vez de tentar provar alguma coisa, e de estar no modo defensivo total, porque não prestar atenção e tentar entender a perspetiva e motivações das pessoas que nos amam?

Descobri que o segredo está em apresentar a pessoa aos nossos entes queridos antes de entrar no modo de paixão intensa, para que possamos avaliar a pessoa racionalmente, pois a partir do momento em que alguém entra no "feitiço de amor", a sua capacidade de fazer julgamentos diminui bastante. Se, por alguma razão, sentirmos relutância em apresentar a pessoa aos entes queridos, tal não é um bom sinal e algumas coisas precisam de ser avaliadas.

CAPÍTULO 3

A Minha Fobia de Falar em Público...

Uma vez, decidi enviar um vídeo ao meu primo e escolhi o método de tornar a mensagem algo mais pessoal e valiosa. Quando ele viu o vídeo e me agradeceu, também mencionou que fico bem na câmara e perguntou-me "Porque não começar a fazer mais vídeos na tua carreira como psicóloga?". Quando ele disse isto, imediatamente senti um grande desejo de o fazer, e como resultado, levantei-me, fiz a minha maquilhagem e encontrei o melhor ângulo na casa para fazer um vídeo sobre Terapia Cognitivo Comportamental. Publiquei o vídeo no Youtube e enviei-o a amigos. Recebi muito apoio e elogios quanto à minha confiança no vídeo e relativamente à coragem em dar este passo, portanto uma das minhas respostas foi:

Obrigada. Não foi da noite para o dia. Sempre quis começar a fazê-lo, sendo que provavelmente levei anos até me sentir pronta, pois foi necessário algum desenvolvimento pessoal, crescimento e conhecimento diário.

E foi a primeira vez que experimentei e publiquei - também para viver algo novo e me afastar da minha zona de conforto.

Sempre tive uma fobia de falar em público - outro trabalho que tive que fazer comigo mesma.

Mas é melhor fazê-lo com medo do que não o fazer de todo, evitando assim que um dia, quando estivermos às portas da morte, perguntemos: e se tivesse feito isso?

Considero o meu medo de falar em público uma fobia porque a intensidade da minha ansiedade relativamente a fazer uma simples questão a um professor, de expressar a minha opinião ou uma ideia há uns anos atrás, estava no seu pico... O meu coração batia TANTO, a minha voz tremia, o meu corpo também... era ridículo. Irá ficar surpreendido pela quantidade de pessoas que tem o mesmo medo! Este é um medo muito comum e que muitos escondem melhor que outros – incluindo os oradores públicos. Contudo, torna-se difícil quando o seu medo interfere com os seus sonhos e objetivos. No meu caso, estava a impedir-me de alcançar os meus sonhos.

Quando comecei a ser psicóloga, têm noção da ansiedade que sentia com os meus primeiros clientes? As pessoas eram bem-sucedidas, tinham experiência e tudo mais. Então, tudo isso contribuiu para a minha baixa autoestima e para o que dizia a mim mesma. Tive de mudar o meu processo de pensamento e melhorar a qualidade dos mesmos.

Perguntando a mim mesma coisas como: "Estou ansiosa com o quê? Passei toda a minha vida a aprender essas coisas, conheço tudo o que há para conhecer e sou especialista no tema. Se eles vieram até mim, é porque sentiram que eu traria valor à vida deles, e a verdade é que os ensinamentos são muito poderosos. Não te pressiones e não esperes ser amada por todos, pois isso é irracional - é muito difícil, se não impossível, poder ser apreciado por todos. Não te pressiones para ser perfeita porque também é irracional - não há seres perfeitos. Concentra-te no que estás a fazer, dá o teu melhor e isso é tudo que importa. Eu preferiria ser 'amada', mas se isso não acontecer - realmente não é o fim do mundo ".

ENTÃO, mudaria todos os meus pensamentos negativos e iria dizer essas palavras a mim mesma de forma constante, até que naturalmente todas as inseguranças foram embora e agora nem me lembro da última vez que fiquei ansiosa no trabalho. Consegui eliminar tudo rapidamente.

Além disso, este processo também foi alcançado através da exposição e de fazê-lo repetidamente.

Portanto, falar em público segue o mesmo caminho - eu forcei-me a estar nessas situações e reduzi significativamente esses pensamentos, mas o trabalho não está concluído. Ainda há algum progresso a fazer, mas tenho a certeza de que chegarei lá desde que treine o meu cérebro para ser gentil comigo mesma.

Sim, e entenda que não é realmente realista que todos nos achem interessantes. As pessoas são diferentes e conectam-se com coisas diferentes e isso é extremamente positivo porque deixa espaço para que todos se possam expressar e fazer o que amam. Além disso, irá sempre haver um grupo de pessoas que vai gostar de si e você delas– que é o que mais importa.

O facto de os outros não gostarem é perfeitamente normal e aceitável. Mas o problema pode estar na forma como interpretamos o facto de as pessoas não gostarem.

Por exemplo, o pensamento irracional: algumas pessoas não gostavam de mim e achavam que era aborrecida, por isso, não sou boa o suficiente e sou realmente aborrecida. Pensamento racional: algumas pessoas não gostavam de mim e achavam que era aborrecida e isso não é agradável, mas seria de esperar já que as pessoas têm interesses diferentes e se relacionam com coisas também diferentes. É normal e tal não me define de alguma forma.

Irá sempre encontrar haters e eles vão fazer de tudo para o trazer abaixo. Então, o segredo é ser seletivo nas críticas.

É fácil criticar enquanto se esconde atrás de um computador.

Desafiaria essas pessoas a levantarem-se da cadeira e a fazerem um trabalho melhor. Depois podemos falar.

TODOS TÊM UM PROPÓSITO.

O que acontece é que as pessoas se sabotam e deixam outros sabotá-las também. Como haverá sempre alguém que irá rejeitá-lo, dizer que os seus planos não funcionarão, encontrar obstáculos e assim por diante, precisamos de acreditar plenamente em nós mesmos - porque temos um propósito.

Tenho um cliente que estava a chorar e a dizer-me que abandona sempre os estudos e que não consegue nada - grande procrastinador nessa área. Eu disse-lhe que parece que ele não está interessado no que está a estudar e que é por isso que não presta atenção - e é natural estar desmotivado a fazer algo que você não ama.

Ele continuou a culpar-se e a dizer que não entendia e que o problema era ele. Eventualmente, perguntei-lhe o que ele gostava de fazer.

Ele disse: Desporto!

Então, se ele é assim tão mau a prestar atenção ou se não é suficiente para nada, como é que isso não acontece no desporto? – momento em que a luz se acende – Trabalhe no que gosta e acabe a história. Faça uma carreira da sua paixão.

Ele nunca tinha pensado nesta opção, mas isso abriu os seus horizontes. Então, isto é para dizer que - simplesmente nos sabotamos por não fazer uma avaliação racional do que está a acontecer à nossa volta e das razões para os nossos comportamentos. Pessoas que foram diagnosticadas com Transtorno de Défice de Atenção e Hiperatividade (TDAH), por exemplo, são ótimos vendedores e apresentadores de TV. Porquê ajustar a sua natureza? Para quê? Esses distúrbios inventados são formas de ganhar dinheiro. Estou neste campo e prometo-lhe que esta é a verdade. É um negócio. A indústria farmacêutica é a organização mais lucrativa e, se eles se aliam a psiquiatras, todos ficam ricos! Portanto, preste atenção e tenha cuidado para não levar as coisas pelo valor nominal.

CAPÍTULO 4

Somos definidos pelo passado?

A análise psicanalítica difere da Terapia Comportamental Cognitiva, pois coloca muito foco nas experiências iniciais e passa muito tempo nessa área - o que significa que o processo de terapia pode facilmente levar muitos meses. Eu passo algum tempo nesse campo, mas não acho que seja necessário gastar demasiadas horas a cavar o passado, a menos que seja um requisito importante para resolver o problema. Observe que afirmar que o passado não é importante é uma falácia clara, mas é importante entender que ele não é totalmente responsável pelo resultado das coisas na atualidade.

A ideia é tentarmos nos afastar da mentalidade de vítima e de culpar as pessoas ou acontecimentos pela situação atual, mas, ao invés disso, nos encarregar dela. Repetirei, mesmo que essas coisas tenham tido uma grande influência na situação atual, não são totalmente responsáveis por ela.

Com base em algumas entrevistas e terapias ao vivo com Albert Ellis relativamente à Terapia Racional Emotiva Comportamental, com Marsha Linehan e a Terapia Comportamental Dialética, entre outros, não vejo nenhum deles a focar-se na infância. Vejo-os a falar de forma muito orientada para o presente e a focarem-se nas crenças enraizadas. Numa das sessões de terapia, quando Ellis pediu a um cliente para dar um exemplo, ele disse claramente: "Não um exemplo do passado...".

É claro que existem outras formas de terapia que se focam nas experiências da infância, no entanto, na minha abordagem atual às coisas, não me lembro de nenhum plano de tratamento que recaia sobre o início da infância. Certamente, isso poderá acontecer naturalmente se assim acharmos necessário, mas faço-o maioritariamente com o propósito de fazer conexões e de trazer um cliente de volta para o momento presente. Quando o cliente sente a necessidade de explorar a sua infância, é possível que encontre alguns terapeutas de TCC que escolham referi-los a outros terapeutas que se foquem mais nas experiências iniciais das nossas vidas, e quando os clientes são o que chamamos de "prontos para TCC", ou seja, prontos para a mudança, eles podem voltar.

Na minha opinião, é muito complicado porque, apesar de acharmos que nos lembramos corretamente dos acontecimentos, vários estudos mostram que a nossa memória não é confiável, além disso, o cliente está a partilhar uma perspetiva ou a forma como se sentiu. Tento sempre explicar-lhe como a memória funciona e o quão incerta é, para que ele esteja consciente disso. Muitos estudos provaram que com o passar do tempo, as nossas lembranças dos acontecimentos tornam-se cada vez mais distorcidas.

Estava a falar com uma mulher que desenvolveu uma grande aversão a homens, e ela disse-me que tal se deveu ao facto de ela ter sido violada quando era ainda criança. Perguntei-lhe sobre essa experiência e ela disse que não sabia, mas encontrou através da hipnoterapia a regressão. Fiquei tão chateada porque este hipnoterapeuta criou a ideia na cabeça dela de que algo poderia ter sido inventado pelo cérebro – porque a memória não é confiável. Então, eles basicamente criaram um problema: ela agora quer ficar longe de relações. Também acredito que a questão "Porquê?" é inútil porque só leva a mais vitimização e desculpas. Seja através da Hipnose ou da Terapia da Fala, essas experiências já não são verdadeiras, infelizmente.

Mas note que eu não rejeito essa ideia, simplesmente tento explicar-lhes como o processo funciona para que se possam libertar caso, por algum motivo, achem que têm alguma responsabilidade. A maioria dos meus clientes adora a minha abordagem porque muitos não gostam, nem querem, cavar memórias da infância – querem algo prático – e muitos vêm até mim para isso especificamente. Mas é claro que não podemos deixar todos felizes, todos somos diferentes, ou seja, há mais do que espaço para que todas as pessoas tenham sucesso.

É muito importante descobrir a escola de pensamento que alguém segue, pois você pode facilmente ficar preso com um método que não seja o mais adequado. Quando me refiro a Abordagens Psicoanalíticas, seria parcial ao dar a minha opinião tendo em conta que sigo a TCC, que se baseia nas evidências ao contrário da Psicoanálise. No entanto, não acho que a contribuição de Freud deva ser ignorada ou rejeitada porque ele é definitivamente um dos maiores contribuintes para o desenvolvimento do campo da Psicologia e, para muitas pessoas, o seu método é ideal.

A Regressão pode levar a memórias falsas e ao ressurgimento do trauma. O resultado costuma ser a "culpabilização" – pais, experiências de infância, experiências de vidas passadas (culpabilização contínua para justificar o comportamento) – e nada resolvido. Então, eles deixam de lidar com o problema para passarem a um outro muito maior, pois a responsabilidade é depois colocada sobre as coisas que não são aplicáveis ao aqui e agora. Eu acho isto terrível, pois faz o oposto de capacitar alguém, removendo a responsabilidade dessa pessoa se transformar. Então, qual foi exatamente o objetivo?

Na minha mente, a ideia é resolver o problema. Quando tenho debates com pessoas que seguem essa escola de pensamento, elas acreditam que estão perante uma melhor situação, pois mantêm o cliente por mais de um ano com facilidade, já que o tratamento leva uma eternidade. Eu discordo totalmente com esta abordagem do aconselhamento. Não vejo como esse grupo poderia ser feliz com isso, nem o vejo como uma vantagem, pois não mostra eficiência, em vez disso, só arrasta o problema. Eles não querem resultados? Não consigo imaginar-me como um cliente sentado todas as semanas durante um ano a falar sobre " quando eu era criança ... " e nem vamos falar do facto de eu não me lembrar de nada! Nem me lembro do que jantei há três dias, como é que havia de me lembrar do que aconteceu décadas atrás? Tanto é assim que é comum ver pessoas que sentiram a mesma situação descrevendo a experiência de maneira diferente.

É possível identificar imediatamente no seu discurso que estas pessoas seguem essas abordagens. Coisas como "Pessoa X está a comportar-se assim comigo e tenho a certeza de que está relacionado com a relação dela com o pai quando era criança." – Fico sem palavras quando ouço este tipo de coisas. Como é que sabem que é essa a causa? Ainda por cima, quando falam com tanta convicção? Além disso, para todos os distúrbios ou doenças, trata-se de uma combinação de fatores, tudo o resto não passa de adivinhas! Novamente, é por isso que, como Life Coaches, normalmente achamos a questão "Porquê?" muito inútil, pois leva sempre a desculpas e culpabilização. Perguntas como "O que se está a passar?", ou "Como?", fazem muito mais sentido.

O meu papel como terapeuta é ser extremamente empática quanto às circunstâncias, perceber como os acontecimentos passados podem ter influenciado as circunstâncias atuais, dizer aos clientes para pararem de se culpar, para serem simpáticos com eles mesmos e para compreenderem que, felizmente, aquelas experiências ficaram no passado e não determinam o presente. Eles têm uma escolha e quero devolver-lhes o poder.

Ellis desenvolveu o modelo ABC, segundo o qual o A corresponde a Antecedente (por exemplo, uma situação que estimula uma resposta), o B a Beliefs (Crenças) (os nossos pensamentos/interpretação da situação) e C a Consequências (a forma como nos sentimos e comportamos).

E quando as pessoas se movem de A-C para a conexão B-C – os resultados são ótimos. Nunca disse que negligenciamos, mas a verdade é que nem sempre é necessário explorar aprofundadamente experiências iniciais para resolver um problema. Eu uso a programação neurolinguística (PNL) e existem clientes que conseguiram resolver muitos problemas sem eu saber muito das suas vidas através de ferramentas, tanto PNL como TCC. Se pensarmos, até mesmo a hipnose pode muitas vezes curar sem exigir saber muito, pois o cliente faz o trabalho por si e nós apenas o guiamos. Albert Ellis olha para o terapeuta como um professor. Assim que dominarmos as ferramentas e a forma como estas funcionam com um exemplo, podemos depois praticar com muitos deles – nós mesmos.

Numa conversa recente com um cliente sobre a forma como um trauma infantil pode, por vezes, ser a desculpa perfeita para os psicopatas continuarem a fazer monstruosidades, a minha cliente partilhou que teve um professor na África do Sul que partilhou que vinha de uma família muito tradicional e racista para com a raça Afrikaans, e por isso, ele estava habituado a possuir uma ideia muito forte e negativa em relação às pessoas de cor. Quando os alunos lhe perguntaram como isso era possível já que ele estava inserido num ambiente multirracial, ele respondeu:

"Chega uma altura na nossa vida em que já não podemos culpar os nossos pais pelas nossas escolhas, perceções e comportamentos. A partir de uma certa idade, conseguimos pensar por nós mesmos, e estando numa

Universidade na qual lido com muitas pessoas de cor, verifiquei que a ideia que me tentaram vender durante tantos anos era puramente falsa. Somos todos semelhantes em muitas formas, até porque fazemos todos parte da raça humana."

Este homem compreende o conceito de vitimização e responsabilidade. Ele conseguiu mudar a sua própria perspetiva e moldar as suas ideias independentemente do ambiente conservador em que foi educado, e esta é uma evidência pura de que todos nós temos exatamente a mesma capacidade para o fazer.

Viktor Frankl é um neurologista e psiquiatra austríaco, bem como um sobrevivente do Holocausto. Ele é um psicólogo existencial e fundador da Logoterapia, uma forma de psicoterapia que desenvolveu após sobreviver aos campos de concentração nazistas na década de 1940. "Logos" é a palavra grega para "significado" e Logoterapia envolve ajudar os clientes a encontrar significado pessoal na vida.

"As experiências de vida naqueles campos mostram que o homem tem uma escolha para agir. Houve imensos exemplos, muitos deles de natureza heroica, que provaram que a apatia poderia ser ultrapassada, e a irritabilidade suprimida. O homem consegue preservar um vestígio de liberdade espiritual, de independência da mente, mesmo em condições terríveis a nível físico e mental. Nós que vivemos em campos de concentração, podemo-nos lembrar do homem que andou pelas cabanas a confortar os outros, a dar-lhes o último pedaço de pão que tinha. Podiam ser poucos, mas oferecem provas suficientes de que tudo pode ser tirado de um homem exceto uma coisa: a última liberdade humana – escolher a atitude de alguém em qualquer circunstância... é a liberdade espiritual que não pode ser levada e dá sentido e propósito à vida."

- Viktor Frankl, "O Homem em Busca de um Sentido"

Frankl acreditava que, quando não podemos mais mudar uma situação, somos forçados a mudar-nos a nós mesmos.

Com base na Logoterapia, esse significado pode ser descoberto de três maneiras distintas:

1. Criando uma obra ou realizando uma ação.
2. Experimentando algo ou encontrando alguém.
3. Pela atitude que adotamos em relação ao sofrimento inevitável.

CAPÍTULO 5

É tarde demais para seguir a nossa paixão?

A coisa mais comum entre profissionais de saúde mental é sentirem sempre a necessidade de adicionar mais conhecimento para se sentirem preparados e isto, de alguma forma, torna-se algo sem fim. Eu também tinha a mesma tendência que o resto das pessoas com quem estudava.

Se tiver de pensar em mais de 100 pessoas com quem fiz o meu treino em Londres e África do Sul, apenas cerca de 10 pessoas seguiram a carreira. Na Universidade, eramos centenas de alunos, mas quase nenhum continuou com esta carreira. Ninguém parecia ter paciência para persistir e preferiram o caminho fácil de escolher outra área. As pessoas procrastinam continuamente e através desse mesmo processo, esquecem-se do conhecimento e perdem a vontade.

Cada um de nós tem muita experiência, apesar de diferentes entre si, e é isso que nos torna especiais.

O que irá fazer de si especial e bem-sucedido? Este conjunto de conhecimentos e experiências que tem acumulado ao longo dos anos.

Não permita que o seu cérebro lhe minta e o encha de crenças limitadas porque tudo o que ele está a sentir é medo e ameaças – pois, está a sugerir sair da sua zona de conforto. Então, o seu dever é assegurar o seu cérebro de que nada é perigoso e que tudo vai correr bem. A partir do momento em que dá diferentes passos, o seu cérebro começa a habituar-se e um novo conjunto de comportamentos também se move para a sua zona de conforto.

Por muitos anos, sofri ao optar por usar o iPhone com todas as suas limitações e duração da bateria de um quarto de dia - o que automaticamente o torna não confiável!!! Eu pensei que era normal até mudar para a

Samsung - com uma duração de bateria de mais de 24 horas e quase 48 horas!!!

Não importa a quantidade de informações que continuo a perder por causa do famoso iCloud e perdi tudo mais uma vez!!! Atendimento ao Cliente - mesmo eles têm limitações!!

Felizmente, aconteceu as vezes suficientes para me acostumar.

A quantidade de restrições e inflexibilidade!! Carregamentos que duram um mês!!! A qualidade da câmara!!

Isto serve apenas para mostrar o poder do marketing, algo capaz de nos manipular e de nos dar a ilusão de que algo é melhor que outra coisa, apesar de as evidências mostrarem o contrário.

É realmente interessente a forma como o cérebro funciona... gosta da zona de conforto e do que conhece, e como resultado tende a mostrar resistência perante mudanças mesmo quando é claro que essa é a melhor solução e tal acontece também nas nossas vidas. Sempre que é suposto sairmos da zona de conforto, o cérebro identifica uma ameaça e encontra desculpas para continuar onde está. E, assim, o nosso dever é manter o cérebro consciente de que não há "perigo" e que tudo vai correr bem.

Este é um exemplo de ser mestre da sua mente em vez de um escravo dos seus pensamentos e sentimentos. Brevemente, assim que deixarmos os negativismos de lado e praticarmos, essas coisas também se mudam para a nossa zona de conforto.

Então, desde que aceitemos o desconforto e não o virmos como o fim do mundo, brevemente irá tornar-se em conforto.

CAPÍTULO 6

Seja simpático consigo mesmo

O h, wow. Verifico que tende a não olhar para si a partir de um ponto de vista racional e realmente falha no que toca a perceber que você é OURO. Sim, tem passado por um tempo difícil... sim, pode ter descarregado nas pessoas que ama... sim, pode ter soado negativo por vezes, mas tudo isso se deve ao facto de ser humano. É uma fase pela qual está a passar, como o ponto de eclosão, quando a lagarta está a transformar-se numa borboleta. É difícil, não é? Embora necessário. E assim que começar a reconhecer quem você realmente é, convém estar ao lado de alguém que cresça consigo e com quem possa contar, em vez de depender apenas em pessoas que querem unicamente "o bem", já que tal não é realista para nenhuma relação. Estou seriamente a ter dificuldades em compreender a razão pela qual você não consegue ver o que nós vemos quando olhamos para si. Não entendo porque está a vender um Ferrari ao preço de um Toyota! Porquê? Está a dizer estas coisas a si mesmo, a definir o preço e a influenciar, provavelmente, os outros para o verem da forma como se sente.

Pense em alguém que ama muito. Se essa pessoa estivesse na sua situação e lhe dissesse que não é "boa o suficiente", qual seria a sua resposta?

Como responde a si mesmo? Qual é a diferença?

Aprendi uma coisa: ser narcisista não é tão mau de todo! Também podemos aprender com os narcisistas, com a forma como eles se colocam em primeiro lugar antes de qualquer coisa e garantem que têm o melhor de tudo. Quando estava em Lisboa, decidi concentrar-me em Harvey Specter da série Suits - observar como ele se comporta, como se ama, a imagem que envia para as pessoas, e queria tornar-me tão confiante como ele era - obviamente ignorando o que não quero assimilar - e realmente assumir a responsabilidade por comportamentos que eu possa ter tido no passado que não eram plausíveis.

Por favor, perdoe-se por fazer terríveis assunções sobre si mesmo, por deitar-se abaixo, por ser desagradável e rígido com um ser tão especial como você. Por favor, prometa que será simpático e bondoso consigo.

Você é um ser humano falível e que merece amor incondicional.

CAPÍTULO 7

A Mensagem ou o Mensageiro?

A primeira ideia que partilhei no meu livro anterior, "A Caminho da Iluminação", está relacionada com a importância de nos focarmos na mensagem e não no mensageiro, já que a grande maioria das pessoas tende a adorar e a focar-se no mensageiro.

E ao que é que isto leva? À idealização e expectativas irrealistas quanto às qualidades do outro ser humano. A crença de que o mensageiro possui certas características que o aproximam da perfeição.

Como resultado, existe uma pressão social para que o mensageiro seja de certa forma, uma maior probabilidade de críticas quando as pessoas percebem que são meramente humanas e as expectativas com base no que acreditam que devem ser as características do mensageiro.

No lançamento de meu livro em Joanesburgo, um dos participantes perguntou-me o que mais me surpreendeu quando fui ao mosteiro no Nepal. A minha resposta foi: esperava encontrar pessoas perfeitas. Esperava que os monges fossem pessoas iluminadas a disfrutarem da felicidade perfeita. No entanto, encontrei meros seres humanos como todos nós, com as suas grandes qualidades e imperfeições, humildes, mas também com temperamentos. E apenas anos depois, eu entendi tudo isso, que se trata de iluminação, que devemos aceitar a nossa natureza como seres humanos falíveis, dignos de amor e compaixão incondicionais. Temos de parar de lutar contra a nossa natureza como seres humanos e simplesmente - SER. Pare de tentar mudar os outros para que eles tenham uma lista de verificação e somente quando todos os itens da lista estiverem marcados, alguém será digno de amor incondicional.

Ainda me lembro dos monges e das freiras que partilhavam as suas histórias sobre como achavam tão engraçado o facto de estranhos os abordarem com os seus assuntos mais pessoais e esperarem que eles os guiassem. Os monges e as freiras ficavam apenas surpreendidos e perguntavam-se: porque é que eles pensam que eu posso resolver os problemas deles? Porque é que eles acham que tenho todas as respostas?

Uma das coisas mais importantes para mim é nunca perder a minha autenticidade ou apresentar-me como algo que não sou genuinamente. Eu sou um ser humano com forças e fraquezas tal como qualquer outra pessoa na Terra. Eu mereço amor incondicional independentemente do quão estragada eu estiver... esta é a minha natureza e não há como fugir dela.

De facto, a minha compreensão quanto à Iluminação recai em simplesmente estar acordada. Estar acordada é estar consciente, é ser realista, compreender o mundo e a natureza pelo que são e, mais importante, compreender a nossa natureza humana.

A capacidade de nos conseguirmos desligar do Ego é algo que vem naturalmente como consequência. Não queremos a desconexão, não queremos uma mente balançada, não queremos relações saudáveis, não queremos lutar contra a depressão ou ansiedade, pois tudo isto é alcançado como consequência. Da mesma forma que se regar uma árvore diariamente, o surgimento de frutos será uma consequência desse ato.

CAPÍTULO 8

Maktub

Existe um aspeto muito importante que tem feito uma diferença gigante nas minhas conquistas: assim que tiver uma ideia matura e conseguir visualizá-la corretamente, vou diretamente para a execução – mesmo se isso significar definir prazos e dedicar-me a eles como planeio. Decidi eliminar a procrastinação da minha vida.

Colocar as aprendizagens na prática é algo necessário para conseguirmos obter ótimos resultados.

Todas as forças e talentos que temos podem ser usados como conhecimento e podem seriamente ajudar os outros. Bem, ajudar como amigo e dar conselhos é diferente quando se faz o mesmo, mas como coach ou terapeuta.

No meu caso, quando voltei de Londres, tornou-se muito difícil continuar como funcionária, então despedi-me. Tornei-me essencialmente uma artista faminta. Tirei vantagem de estar desempregada para escrever o meu primeiro livro e consegui fazê-lo. Graças a todas as portas fechadas que via, mesmo como psicóloga, tentei em todo o lado e implorei por estágios... eu só queria alguma coisa, mas fiquei sem nada! Não fazem qualquer ideia da quantidade de portas que me fecharam ao longo dos anos.

Então, fui forçada a seguir o meu caminho. Por outras palavras, a inflação forçou-me a tornar-me uma empreendedora – não tive muita escolha.

Maktub, estava escrito.

Surpreendentemente, descobri que as oportunidades são infinitas e que precisamos apenas de as apanhar, de saber o que queremos e de ir nessa direção. Ao dar um passo todos os dias, conseguimos eventualmente chegar onde queremos independentemente dos obstáculos.

Graças a todas as portas que me fecharam ao longo dos anos, consegui finalmente ter tempo para alcançar o meu sonho e para me tornar uma escritora, escrevendo assim o meu primeiro livro. Graças a todos os "nãos" que ouvi durante estes anos, consegui tornar-me uma empreendedora, iniciar a minha própria prática e fornecer uma variedade de serviços com base nas minhas forças. E quando você faz algo diretamente do coração, a excelência é inevitável. Quando se esforça por vontade própria, encontra o significado na vida.

Não podia estar mais agradecida por todas as coisas que não funcionaram na minha vida, pois estas foram essenciais para que eu as compreendesse, para o caminho que decidi levar e mais importante ainda, para desenvolver um amor próprio incondicional e forte. Assim, aprendi a não avaliar uma situação como boa ou má, pois não tenho conhecimento suficiente para tal. Querer algo não significa que é a melhor coisa que podemos ter. Não sabemos. E quando olho para trás, para todas as memórias e acontecimentos, tudo pode ser resumido por: **Maktub**.

CAPÍTULO 9

A Máscara

1. O que é mais importante para si numa pessoa?
2. O que lhe chama mais à atenção quando observa alguém?
3. Beleza superficial ou algo além disso?

Gosto de jogar com as perceções das pessoas e de ver o quão fácil é para os outros olharem para mim da forma que querem. É tão fácil! As pessoas criam um julgamento quanto aos outros com base no quão bem você está consigo mesmo, desde as suas roupas, ao seu cabelo, a forma como fala e até mesmo se a interação for de apenas 5 minutos. Todos nós interpretamos um personagem dependendo das circunstâncias. O segredo é estar completamente consciente de que se trata de um personagem e que a realidade é que todos o fazemos, consciente ou inconscientemente.

Já reparou que uma posição de emprego é referida como um papel? Isto significa que durante as horas laborais, o papel que irá desempenhar será um gestor administrativo, enquanto em casa não passa do simples Sr. John.

No filme V de Vendetta, a personagem V e Evey passam muito tempo juntos durante um ano. Ambos interpretam personagens muito fortes e grandes papéis na vida um do outro, acabando por se apaixonarem, apesar de durante muito tempo V tenha usado uma máscara e Evey não ter conseguido ver a cara dele. No dia da revolução, o seu último dia juntos, Evey surpreendeu-o em sua casa e colocou a música favorita de ambos, Bird gherl. V disse que já tinha ouvido todas as canções da sua coleção, mas que nunca tinha dançado ao som de nenhuma, acabando por convidar Evey para dançar com ele. À medida que dançavam, Evey tentou remover a sua máscara. V parou-a e disse:

Vendetta: "Existe uma face por baixo dessa máscara e não sou eu. Não sou mais essa face do que sou os músculos que tenho, ou os ossos por baixo de toda ela."

Esta é uma das minhas passagens favoritas do filme V de Vendetta e que captou completamente a minha atenção.

O que adoro mesmo sobre o V?

- Durante todo o filme, V não descobriu nenhuma parte do seu corpo, exceto as mãos que estavam queimadas, pois uma vez incendiou-se. Tal significa que a minha opinião sobre ele é totalmente baseada nos seus maneirismos, comportamentos, características, inteligência, eloquência, paixões, etc, e mesmo assim, ele é a minha personagem favorita de todos os filmes, e não me canso de o ver.

Um homem é menos ele mesmo quando fala na sua própria pessoa. Dê-lhe uma máscara e ele irá dizer-lhe a verdade. – Oscar Wilde

Conclusão

Este livro é inspirado em casos reais, mas foi manipulado para proteger e manter a confidencialidade das pessoas. Foi escrito como um guia de autoajuda para si, de forma a permitir-lhe ganhar uma perspetiva sábia em muitas áreas da sua vida.

Acredito que o sistema educacional deveria ter a capacidade de ensinar os alunos sobre inteligência emocional e conhecimento do cérebro, para que a maioria das pessoas pudesse viver uma vida mais feliz e reduzisse todos os sofrimentos desnecessários pelos quais a maioria de nós passa.

O propósito deste livro é ajudá-lo a ganhar o máximo de benefícios possíveis através de comunicações infinitas sobre variados tópicos, doenças e desafios que o irão permitir aplicar estes ensinamentos em diferentes áreas da sua vida, e por isso, trazer valor para si.

Por favor, lembre-se de ser bondoso para si mesmo, tal como é para os seus entes queridos, e tente elevá-los sempre. Partilhe palavras bondosas e verdadeiras com eles e tente sempre conscientizá-los quanto ao seu valor e raridade – Desafio-o a utilizar essa mesma qualidade e energia em ser bondoso para si mesmo. Este livro é dedicado a si: o leitor.

Agradecimentos

Gostaria de agradecer especialmente aos meus queridos pais, Selma Ismael Sema e Roodolf Raston, por serem os pilares da minha vida, por serem extremamente preciosos e por todo o apoio que me deram em todas as alturas.

Gostaria de agradecer a todos os meus clientes por serem incríveis, bem como pela lealdade, apoio incondicional, confiança e recomendações constantes, pois foram eles os responsáveis pelo meu rápido crescimento.

Para a minha Família e Amigos, obrigada a todos pelo apoio e encorajamento ao longo da minha jornada.

Amor e Luz

Sharlene Sema Raston